福建省社会科学基金重点项目（项目批准号：FJ2023MGCA018）

福建省中青年教师教育科研项目（社科类）一般项目（项目批准号：JAS22067）

福建省财政厅项目（项目批准号：SCZ202102）

福建省社会科学基金面上项目（项目批准号：JAS21115）

互联网金融
信用风险测度研究

刘小南 ◎ 著

Research on the Measurement of
Credit Risk in Internet Finance

经济管理出版社

ECONOMY & MANAGEMENT PUBLISHING HOUSE

图书在版编目（CIP）数据

互联网金融信用风险测度研究 / 刘小南著. —— 北京：

经济管理出版社，2024. —— ISBN 978-7-5096-9832-7

I. F832.1

中国国家版本馆 CIP 数据核字第 2024QB0737 号

组稿编辑：任爱清
责任编辑：任爱清
责任印制：张莉琼
责任校对：王淑卿

出版发行：经济管理出版社
　　　　　（北京市海淀区北蜂窝 8 号中雅大厦 A 座 11 层　100038）
网　　址：www.E-mp.com.cn
电　　话：（010）51915602
印　　刷：唐山玺诚印务有限公司
经　　销：新华书店
开　　本：710mm×1000mm/16
印　　张：12
字　　数：232 千字
版　　次：2024 年 9 月第 1 版　2024 年 9 月第 1 次印刷
书　　号：ISBN 978-7-5096-9832-7
定　　价：78.00 元

前言 ·

互联网金融行业在中国的发展至今不到三十年，虽然时间不长，但发展的速度却非常惊人。1997 年招商银行"一网通"开启互联网金融的萌芽阶段，2004 年支付宝出现，然后，随着传统金融的各项业务全面"触网"，P2P 网贷、众筹、电商金融等多种模式蓬勃发展，互联网金融在 2013 年进入发展元年。当 2014 年"促进互联网金融健康发展"被写入政府工作报告时，互联网金融也首次进入国家层面的战略规划了。但是，在迅猛发展的同时，互联网金融行业信用风险也开始累积并集中爆发。大量持有牌照的互联网企业进入到国家高度管制的金融市场，扰乱了金融市场，引起监管部门高度重视。《互联网金融风险专项整治工作实施方案》等一系列配套措施出台，互联网金融在 2016 年进入监管元年，由此进入规范发展阶段。消费信贷、供应链金融等"场景金融"成为这个阶段的主要业务模式。自 2018 年开始，人工智能、大数据、云计算、移动互联网、物联网等金融科技在互联网金融行业逐步展开应用试点。同时，互联网金融不仅局限于在虚拟经济中发挥金融功能，而且开始重视和实体经济的结合。随着互联网金融的进一步发展，出现了不同的侧重点。"做好科技金融、绿色金融、普惠金融、养老金融、数字金融五篇大文章"已被写入 2024 年的政府工作报告当中。同时，"全面加强监管、防范化解风险为重点，牢牢守住不发生系统性金融风险的底线"也在报告中被强调。

回顾互联网金融发展的整个阶段，都伴随着金融创新与信用风险控制，防止监管套利之间的平衡。这也成为坚定不移走中国特色金融发展之路，加快建设中国特色现代金融体系的关键。因此，互联网金融信用风险测度成为金融领域非常重要的研究主题之一。及时监测互联网金融行业经营主体信用风险的大小和变化，及时出台有效政策保证整个行业的健康发展具有重要的理论意义和实践意义。

本书的主要内容包括八章。

第一章为绪论。首先，介绍本书的背景与意义；其次，评述国内外现有的研究成果，提出本书写作的目的、内容和技术路线；最后，阐述本书的特色与创新点。

第二章为信用风险与互联网金融。首先，从金融结构理论、功能金融理论、金融创新理论角度对互联网金融的金融本质属性进行理论溯源；其次，从长尾理论、产业融合理论角度对互联网金融的互联网基因带来的影响从理论层面进行分析；最后，从金融脆弱性理论、信息不对称理论以及行为人有限理性角度为互联网金融信用风险的形成寻找理论基础。通过以上三个角度的理论溯源，夯实互联网金融信用风险测度实证研究的理论基础。

第三章为互联网金融信用风险测度概述。首先，对互联网金融业务经营主体的信用风险内涵、特点和影响因素等相关概念进行概述；其次，剖析互联网金融信用风险测度研究现状，评述传统金融信用风险成熟理论与测度方法；最后，根据互联网金融信用风险的特点与测度研究现状，构建测度的实证研究框架。

第四章为互联网金融信用风险违约状态判定的实证研究。选取经营互联网金融业务上市公司作为样本，采用数理统计模型中经典的多元判别分析以及 Logistic 回归模型进行实证研究。

第五章为 KMV 模型对互联网金融信用风险测度实证研究。选择具有现代金融理论基础的 KMV 模型对互联网金融业务经营主体信用风险测度进行实证研究。采用敏感性分析实证研究互联网金融业务经营主体以及整个行业信用风险恶化的关键影响因素。

第六章为改良后的 KMV 模型对互联网金融信用风险测度的实证研究。GARCH 与 EGARCH-M 对 KMV 模型进行改进，实证研究改进后的模型对互联网金融业务经营主体的信用风险恶化情况的反映程度。原来 KMV 模型股权价值波动率是采用统计方法计算，GARCH 模型能够提高收益率时变性描述的准确性，但要求样本正态分布，而 EGARCH-M 在这点上具有优越性。通过使用这三种方法对股权价值波动率进行改进计算，然后结合 KMV 模型以及互联网金融业务经营主体的行业特色样本进行实证研究，判断改进后 KMV 模型对描述互联网金融信用风险金融时间序列数据波动规律性的准确程度上是否具有优越性。

第七章为改良后的 KMV 模型对互联网金融行业信用风险测度结果的应用研究及相关建议。EGARCH-M 模型改良的 KMV 模型测度的互联网金融信用风险结果从宏观和微观角度进行应用研究。在微观角度上，考虑将信用风险测度结果以及流动性、盈利性、资本结构和成长性方面的指标作为自变量，财务业绩指标作为因变量进行回归分析，而后研究自变量和因变量存在的关联，为互联网金融业务的经营企业在控制信用风险与取得良好财务业绩之间取得平衡提供思路。在宏观角度上，首先，剖析互联网金融信用风险测度结果与监管政策变化的关系，探讨 KMV 模型作为监管部门监测互联网金融信用风险变化的金融工具的可行性。

第八章为结论与研究展望。本章对该领域的研究展望主要包括三个方面：

一是希望从理论角度对互联网金融信用风险的研究能有所突破；二是希望互联网金融信用风险的测度研究能降低对资本市场信息的依赖程度；三是希望我国建立完整的历史违约数据库。

本书的研究创新主要包括以下三个方面：

第一，对互联网金融信用风险违约状态的判定和测度研究。在第三章相关概念的梳理与回顾时发现，互联网金融信用风险既有传统金融信用风险的特点，同时互联网基因导致信用风险的恶化速度更快，传播涉及面更广。第四章至第六章针对这个方面展开实证研究。第四章的实证研究发现，基于财务信息的线性多元判别模型和非线性 Logit 回归模型对互联网金融信用风险只能进行违约状态的判定，无法动态跟踪信用风险变化，以及显示信用风险的"安全距离"，所以无法适用互联网金融信用风险恶化速度快、传染面广的特点，且缺乏理论基础无法深入分析。第五章采用 KMV 模型进行实证研究。结果显示，该模型能够弥补以上缺陷，不仅能准确判定信用风险的恶化状态，而且有"安全距离"的数值描述，更适合互联网金融行业信用风险的分析。第六章在股权价值波动率计算方面采用 GARCH 和 EGARCH-M 对 KMV 模型进行改良，实证研究发现，基于 EGARCH-M 改进后的 KMV 模型对描述互联网金融信用风险金融时间序列数据波动规律性的准确程度上具有优越性，对互联网金融信用风险恶化程度的识别精度更高，时变性更强，反映比较充分且迅速，更适合描述互联网金融信用风险特点。

第二，通过 KMV 模型的敏感性分析发现，互联网金融业务经营主体以及整个行业在发展过程中，信用风险变化受资产价值波动率和股权价值波动率的影响非常大，所以对于企业经营者和监管当局为了维持企业存续经营和行业信用风险整体可控，这两个都是需要被重视的关键因素。同时，由于股权价值波动率是互联网金融信用风险恶化的关键敏感因素，对于互联网金融信用风险的研究来说，具有一定深入研究的价值。

第三，基于 EGARCH-M 改良的 KMV 模型对互联网金融信用风险测度结果从宏观和微观角度进行应用研究。在微观角度上，考虑将信用风险测度结果以及流动性、盈利性、资本结构和成长性方面的指标作为自变量，财务业绩指标作为因变量进行回归分析，然后结合相关程度，为互联网金融业务的经营企业在控制信用风险与取得良好财务业绩之间取得平衡提供思路。在宏观角度上，通过分析发现，监管节奏的变化和监管有效程度能够通过改进后 EGARCH-M 的 KMV 模型信用风险实证结果进行准确反映，改进后 EGARCH-M 的 KMV 模型非常适合作为当下混业经营的互联网金融业务经营企业或整体行业日益复杂多变的信用风险测度、预警、监管的金融工具，为我国监管部门在鼓励创新与风险控制之间取得平衡提供参考。

　　本书的研究旨在拓宽互联网金融信用风险的研究角度以及丰富现有实证研究成果。互联网金融领域仍在快速发展，由于笔者水平有限，本书难免存在一些缺陷、不足甚至错误，敬请广大读者批评指正。

刘小南

2024 年 6 月 6 日

第三章　互联网金融信用风险测度概述

第四章　互联网金融信用风险违约状态判定的实证研究

第五章　KMV 模型对互联网金融信用风险测度实证研究

第六章　改良后的 KMV 模型对互联网金融信用风险测度的实证研究

第七章　改良后的 KMV 模型对互联网金融行业的应用研究及相关建议

第八章 结论与研究展望

第一章

绪论

第一节 研究背景及意义

一、研究背景

互联网金融行业在中国的发展时间较短，但发展的速度却非常快，这源于互联网金融的创新是带着缓和传统金融体制矛盾，以及提高资源配置效率的历史使命；源于互联网技术在我国的使用和迅速推广而产生了大量的网民；源于电子商务模式的快速发展在互联网上产生了金融服务的需求。互联网"自由、开放、平等、分享"精神与金融功能的深度融合，使互联网金融在资源配置的有效性、充分性和公平性方面，比传统金融有大幅提高，降低了个性化和碎片化需求的边际成本，解决了由于运营成本、业务触角等局限导致部分传统金融服务存在盲区的问题。回顾互联网金融发展的整个过程，都伴随着金融创新与风险控制以及防止监管套利之间的平衡。

互联网金融发展的萌芽阶段很早。1997 年，招商银行的"一网通"正式使用标志着中国开启了新型的银行业务办理形式。中国银联正式上线网络支付业务，助力金融系统连入网络，此后资金则是产生了网络层级的高效流动，互联网技术与金融功能开始融合，网上银行、网上证券、网上保险业务模式逐步诞生，第三方支付平台为电子商务的蓬勃发展提供重要的金融支持。传统金融业务借助互联网技术为网民提供金融服务，互联网金融开始与人们日常生活紧密联系起来。2006 年第一家 P2P 信贷"宜信"上线；2007 年第一家 P2P 纯信用无担保"拍拍贷"上线，2010 年"人人贷""阿里小贷"等网络信贷平台陆续创办，网络融资业务模式 P2P 借贷平台实现了极为快速的发展；2011 年《非金融机构支付服务管理办法》正式出台，在此之后"牌照"开始颁发，第三方支付业务模式进入规范化发展轨道。

从互联网金融的初始发展阶段可以看出，监管是伴随着业界的发展而逐步跟进的。2013 年被称为互联网金融发展元年。随着智能手机的迅速发展与电信消费价格日趋亲民，移动互联网在逐步实现更为快速的成长，手机作为支付终端蓬勃兴起。传统金融的各项业务全面"触网"并且更加细化和专业，互联网特色的金融创新业务模式也蓬勃发展，包括 P2P 网贷、众筹、电商金融等多种模式。2014 年，"促进互联网金融健康发展"被写入政府工作报告，首次从国家层面肯定了互联网金融的发展，中国互联网金融发展驶入快车道。2015年，政府工作报告再次关注互联网金融发展，并强调其"异军突起"式的发展，中国成为全球最大的互联网金融市场。

互联网金融发展到一定阶段后信用危机严重。进入2015年后半年，互联网金融发展过程中存在的问题开始逐步暴露，信用风险开始累积并集中爆发。问题最大的并不是传统金融机构在互联网上开展金融业务的模式，而是大量不持有金融牌照的互联网企业进入到国家高度管制的金融领域，为互联网用户提供各种金融服务，产生巨大套利空间而带来的信用风险。典型代表是P2P网络贷款平台。问题平台数量首次超过新增平台的数量，总成交量超过740亿元的"e租宝"涉嫌非法集资并遭到警方查处，引发行业震荡，随后P2P平台跑路、校园贷等恶性社会事情频发，引起监管当局重视。2016年进入"互联网金融监管元年"，《互联网金融风险专项整治工作实施方案》等一系列配套措施出台，一方面代表着行业发展已经获得管理层认可，进入顶层设计阶段；另一方面监管的相关规定也为行业未来健康发展指明了前进的方向。

随后，互联网金融开始进入规范发展阶段，重视和实体经济的结合不仅局限于虚拟经济中发挥金融功能，消费信贷、供应链金融等"场景金融"也成为这个阶段主要的业务模式。同时，互联网金融行业在2018年进入金融科技元年，人工智能、大数据、云计算、移动互联网、物联网等金融科技应用试点逐步开展工作。监管当局通过金融牌照准入的方式对经营互联网金融业务的企业和整个行业进行规范。头部科技公司成立，通过收购和并购等方式得到多类金融牌照，依靠科技公司所具备的强大客群、渠道与技术能力，逐渐发展壮大，成为金融控股公司，经营着不同业务的互联网平台，互联网金融行业出现平台垄断经营的趋势。

由于大平台内部运营不透明，存在巨大信用风险隐患，监管当局开始重新审视大平台的"大而不能倒"。2019年，央行发布金融科技三年规划，银行加速进场金融科技，央行数字货币提速，资金流向可追溯。国家在重视互联网金融行业科技含量的同时，也在寻求金融科技工具进行信用风险有效监管的可行性。

2020年以来，互联网金融行业发展进入存量时代，监管风向发生转变，普惠金融由"普"到"惠"，监管对象由"小机构"到"大平台"。到2021年，监管政策鼓励金融与科技互归本源，通过提高金融服务提供的门槛，推动纯科技业务的转型与拆分。互联网金融行业竞争格局正逐步由"头部集中"走向"生态分散"，运营模式再次发生转变。

目前是转型关键期，互联网金融行业里，大小不同的平台各自为政。平台按照自身发展历史特点和所在行业优势，链接需求端和供给端来提供不同细分市场的业务，也包括业务开展所需的基础金融服务。所以各金融机构、金融产品与服务已和各类平台密不可分，成为各类互联网平台正常运营的金融保证。同时，国家监管政策鼓励金融与科技互归本源，使互联网平台的商业行为很难越过金融系统而独立存在。根据提供服务的属性，目前互联网平台主要分为两类：提供金融服务为主的平台以及提供非金融服务为主的平台。在非金融服务平台，金融功能仍作为基础设施存在。这两类平台是互联网金融行业的主要构成部分。

任何平台都是由具体公司经营。到目前为止，能够搭建被互联网金融行业认可的这两类互联网平台，基本都是龙头企业，或独具竞争优势的上市金融科技公司。这些公司构成了互联网金融行业的主体。在转型的关键期，对这类主体信用风险的监控是当前监管当局的工作重点，及时监测互联网金融行业主体信用风险的大小和变化，具有重要的实践意义，既有助于互联网金融业务经营主体的存续经营，又能保证出台政策的及时和有效，以及行业健康发展，从而实现真正普惠。

从学术领域的研究现状分析。以中国知网（CNKI）为文献来源的数据库，选定国内正式发表学术期刊论文及博士学位论文为筛选对象，设定"互联网金融""互联网金融风险""互联网金融信用风险""互联网金融信用风险测度/度量"等词语作为主题进行文献检索，同时也将这些词语作为篇名/题名进行检索，搜索结果如表1-1所示。

表1-1 互联网金融信用风险测度研究文献搜索结果

单位：篇

	作为主题			作为篇名/题名		
	总篇数	期刊论文	博士学位论文	总篇数	期刊论文	博士学位论文
互联网金融	30729	30457	272	14118	14079	39
互联网金融风险	4024	3934	90	652	646	6
互联网金融信用风险	34	31	3	28	28	0
互联网金融信用风险测度/度量	7	7	0	1	1	0

资料来源：笔者根据知网搜索结果整理总结。

从文献检索的结果说明分析。近20年来以"互联网金融"作为研究主题的相关学术成果较为丰富，以"互联网金融风险"作为主题或作为篇名和题名的成果显著偏少，特别是博士论文。此外，以"互联网金融信用风险"为主题或研究篇名及题名的研究文献只有30篇，其中3篇博士论文，其他都仅为关联论文。所以，从搜索结果来看，以互联网金融信用风险或测度作为主题或作为研究篇名及题目的研究成果非常匮乏，尤其是博士论文类型的研究成果。

当前，在实践领域，互联网金融行业处于转型关键期，对互联网金融业务经营主体信用风险进行监测，不仅有利于其自身的存续经营，也有利于监管政策出台的及时性和有效性，保障互联网金融行业的安全转型和健康发展；同时，由于博士论文类型的研究能够从理论基础和实证研究两个角度围绕互联网金融信用风险研究对象展开深入剖析，所以，本书的研究具有一定的理论和实践的参考意义。

二、研究意义

本书旨在加深对互联网金融信用风险的理解深度以及拓宽其测度实证研究的广度，为我国互联网金融企业的存续经营以及行业的健康发展提供参考，具有一定的理论和实践意义，主要体现为以下两个方面：

第一，在理论上，有助于深化从互联网金融业务经营主体角度对信用风险的理解。针对现有研究缺乏对互联网金融在理论层面上的系统认识，较少研究涉及从互联网金融业务经营主体角度对信用风险的内涵、特点以及影响因素、测度理论和方法的回顾梳理研究。首先，从金融、互联网、信用风险三个方面对互联网金融从理论层面进行解读，夯实后续与互联网金融相关研究的理论基础；其次，回顾互联网金融产生、发展的历程以及主要业务模式的变迁，梳理互联网基因与金融功能融合演进带给互联网金融信用风险的内涵、特点以及影响因素的独特属性；最后，梳理传统金融信用风险测度理论和方法，探究互联网金融业务经营主体信用风险适合的测度研究理论和方法，有助于加深从互联网金融业务经营主体角度对信用风险的理解，扩展对互联网金融信用风险的研究。

第二，在实证上，有助于丰富现有关于互联网金融业务经营主体角度对信用风险整体测度的实证研究。互联网金融行业的发展时间较短，现有的实证研究主要集中在具体业务模式的信用风险测度上。由于互联网金融行业目前属于牌照准入、混业经营阶段，互联网平台经营主体面临转型的关键时期，无论对于经营主体、整体行业还是监管当局，都需要有效的金融工具，能对信用风险及时监测，来调整经营方向或监管政策，防范信用风险的产生。针对上述实证研究现状的不足以及存在的需求，本书通过理论分析和比较传统金融与互联网金融信用风险的内涵、特点以及影响因素后认定，互联网金融的金融属性不变，然后据此搭建实证研究框架。以互联网金融业务经营主体为研究对象，首先，基于成熟的传统金融信用风险测度模型对互联网金融行业主体进行测度的实证研究，包括基于财务信息的经典统计数理测度模型（多元判别模型以及 Logistic 回归模型）和基于现代期权理论的最符合信用风险内涵的 KMV 模型，研究样本为互联网金融业务的经营主体。其次，在敏感性分析基础上，基于 GARCH 与 EGARCH-M 模型对 KMV 模型进行修正，实证研究修正后的 KMV 模型对互联网金融信用风险的识别精确度是否有提高。最后，基于修正后的 KMV 模型对互联网金融行业进行拓展应用。从微观角度来看，信用风险的测度结果结合财务业绩等其他因素，分析企业经营在风险与收益之间进行平衡的可行性。从宏观角度来看，信用风险的测度结果结合监管政策的内容和数量变化等因素，分析监管政策出台的有效性以及时机。

第二节　文献综述

互联网金融在我国实务界的发展短短 30 年，各种模式不断演变，学术领域的研究也及时跟进发展。本书首先对互联网金融的内涵、业务模式的研究文献进行梳理，确定研究对象的概念边界。其次对互联网金融信用风险的内涵、成因、测度、应用的研究成果进行回顾，厘清本书的研究方向。

一、互联网金融概念梳理

了解互联网金融内涵和业务模式的研究现状，有助于明确界定本书研究对象的概念边界。

（一）互联网金融内涵

互联网金融（Internet Finance）在国内外金融研究领域都占有一席之地。

在国外，根据陈荣达（2020）的研究发现，互联网金融（Internet Finance）最早出现在 Koh 等（1973）年的研究文献中 "The Guidelines Encourage Innovation of Internet Finance Platforms，Qualified Internet Finance Enterprises Will Have Access to Basic Financial Credit..."。Fixler（1996）研究网络银行业监管（Regulating Banking on the Internet）的文献就出现 "Cyber finance"（网络金融）。国外研究领域使用的术语还包括 E-finance、Online Finance、Virtual Finance 以及 Internet Finance 等。Banks（2001）提出电子金融的定义、也被称作数字金融，是指通过互联网或其他公共类电子传播媒介为大众提供金融方面的服务，主要包括货币服务、银行服务、支付服务、交易场所等。选择互联网金融运营模式的企业将不再

受制于银行在用户信息方面的垄断，能够为客户打造一个完整的服务链条，提供多种金融服务，降低企业的成本，采用智能系统为其客户提供高品质的服务（Sato和Hawkins，2001；Shahrokhi，2008）。互联网金融（Internet Finance）是传统金融运行方式同互联网技术与精神特质进行融合所产生的一个新的发展领域。因此，并不能简单地将互联网金融看作互联网技术在金融业中的运用。实质上，其是以技术为主要支撑，建立在互联网运营思想上的金融（Allen，2002）。Burstein（2008）提出移动金融能够超越时空的制约，使客户在任何时间点都能够得到来自"中介"提供的有效服务。鉴于金融服务对网络的依赖日益增强，网络经济特有的规模运营特质也将对金融业的整个竞争环境产生重要作用（Claessens和Dobos，2003）。2015年，联合国贸易与发展会议NUC-TAD对互联网金融的定义是基于网络提供的金融服务，具体包括网上银行、证券、保险和其他金融服务。

在国内，严建红（2001）最早提出"互联网时代的金融业"，结合科技发展与中国金融特征研究相应的挑战及应对策略。张玉喜（2002）以"网络金融"为名，研究金融与网络技术结合产生区别于传统金融的新的金融风险，研究对象包括网上银行、网上证券、网上保险、网络期货、网上支付、网上结算等金融业务。谢平等（2012）首先将"互联网金融"作为专有名词在学术界使用，他认为"以互联网为代表的现代信息科技，特别是移动支付、社交网络、搜索引擎和云计算等，将对人类金融模式产生颠覆性影响，可能出现既不同于商业银行间接融资，也不同于资本市场直接融资的第三种金融融资模式，称为'互联网直接融资市场'或'互联网金融模式'"。随后，国内学术界展开对互联网金融内涵的讨论，研究领域正式确立。吴晓灵（2013）认为，互联网金融涵盖：互联网金融与电商之间建立合作关系达成的结算业务；以提供信息服务为主的小微贷款业务；以提供支付账户的标准化金融产品销售；贷款的支持者和贷款的需要者两者之间的联系平台。互联网金融从广义上包括传统金融服务的互联网延伸（包括电子银行、网上银行、手机银行等）、金融的互联居间服务（包括第三方支付平台、P2P 信贷、众筹等）和互联网金融服务三种模式（李博和董亮，2013；龚明华，2014）。对金融体制进行改革，利率、汇率市场化和金融管制相对放松等大背景下（廖理，2014；杨坤等，2015；何启志和彭明生，2016），互联网金融模式革新有了更大空间，开发新型金融产品，覆盖更多的长尾用户（谢平等，2012；王馨，2015；张璐昱和王永茂，2018；赵阳，2018；俞勇，2019）。

综上所述，在国外，金融产品与服务体系相对成熟，金融机构在自身发展过程中，会积极开发互联网技术，帮助金融产品与服务在推广过程中优化整个运营体系，而国内互联网金融发展侧重于借助互联网技术对金融模式进行革新，以缓解金融体制原有矛盾, 促进经济发展。无论是国外的网络、电子金融, 还是国内的互联网金融, 共同之处都在于传统金融组织或服务逐步向互联网化方向发展, 借助互联网这一交易平台, 降低金融交易成本, 提升金融服务的可得性及普惠性, 其实质都是建立在互联网运营思想上的金融。

(二)互联网金融业务模式

随着业界的发展, 学术界对互联网金融业务模式的研究不断变化发展。"触网"是互联网金融业务模式开始独立于传统业务模式的标志。

在萌芽期, 对互联网金融的业务模式的认识是从电子商务的金融服务开始的, 支付是其主要金融功能。Paul Timmers (1998) 把电子商务类型划分为 11 个类型, 信任类服务就是互联网金融的萌芽模式。同年, Paul Bambury (1998) 把电子商务分成了移植模式和禀赋模式, 而筹资方式就属于第一种模式。Kim D (2008) 指出, 在电子商务下, 第三方支付是银行机构以及信用卡授权机构在电子商务中所提供的一系列服务。师群昌和帅青红 (2009) 认为, 一些资金实力比较强, 有良好信誉的非金融机构, 通过与银行签约, 建立交易平台, 该交易平台能与银行系统进行对接, 为交易双方提供资金转移服务, 这就是网络第三方支付服务。

在发展期, 互联网金融的业务模式逐渐开始丰富多样, 学者也从不同角度进行解读。谢平等 (2012) 在研究过程中针对在信息资源方面出现的问题展开分析, 包括在新型经济模式下支付方面所呈现出的特点, 对互联网金融进行相应的分析与探讨, 例如, 当前互联网化, 移动支付和第三方支付等方面所涉及的各项内容, 包括各类支付手段的改变和各类融资平台的诞生进行分析。刘英和罗明雄 (2013) 将互联网金融进行模式分类并讨论分类过程中的具体依据和各类模式的特点, 例如, 大数据金融、众筹等。李博和董亮 (2013) 在研究问题的过程中将互联网金融的内容进行相应的拓宽, 分为三个方面进行探讨, 例如, 传统下的延伸等。孙浩 (2013) 在研究过程中通过对互联网 "人人贷" 各大投资平台等内容的分析与探讨, 将互联网金融态分为 7 类。谢平 (2014) 根据互联网金融发展趋势以及发展现状, 可以得出在交易支付、信息管理以及资源优化方面都存在很大的不同, 按照这种不同将传统金融的特点分成以下八类: ①互联网化; ②移动支付和第三方支付; ③互联网货币; ④基于大数据的征信和网络贷款; ⑤基于大数据的保险; ⑥ P2P 网络贷款; ⑦众筹融资; ⑧大数据在证券投资中的应用。高汉 (2014) 围绕互联网金融的分类课题开展了较为深入的研究, 研究得出的分类主要有结算、融资和投资理财等。郑联盛 (2014) 在研究过程中通过对国内和国外的各类金融互联网项目的分析，认为在当前互联网金融可表现为多个层面的内容，且各个层面的内容所表现出的具体状态有所不同。如第三方支付业务等。《中国金融稳定报告（2014）》所确认的平台分类主要包括六类，涉及内容包括互联网的支付，P2P、贷款、众筹、融资、各类平台。吴晓灵（2014）认为，互联网金融应包括与电商相结合的结算业务、基于销售信息的小微贷款业务、基于支付账户的标准化金融产品销售、借贷双方的信息平台四个方面。王曙光和张春霞（2014）从业务功能视角将我国互联金融业态分为支付平台型、融资平台型、理财平台型和服务平台型四类。邱冬阳和肖瑶（2014）认为，互联网金融的实质是金融，技术只是实现、衍生、完善了传统金融体系功能的一种手段，并将互联网企业从事的金融业务归纳为支付模式、融资模式、理财模式三种基本模式。李洪梅等（2014）从金融功能观的角度分析中国互联网金融的金融功能，指出互联网金融更方便快捷地实现了支付清算的基础功能，更低成本、更高效率地实现了资源配置的核心功能，还具有风险管理与风险分散的扩展功能，以及信息提供、激励、引导消费等衍生功能。候明和赵龙（2014）对于第三方支付含义的阐述是站在行政法规的立场上，认为央行把第三方电子支付服务归属于非金融机构支付服务，作为一类中介机构的第三方支付机构，该机构提供银行卡收单、预付卡、网络支付服务以及其他被批准的支付服务，使交易双方货币资金进行快速便捷的转移。此外，互联网金融的模式包括传统金融服务的互联网延伸（包括电子银行、网上银行、手机银行等）、金融的互联居间服务（包括第三方支付平台、P2P信贷、众筹等）和互联网金融服务三种模式（李博和董亮，2013；龚明华，2014）。

在规范并逐步走向成熟期，互联网金融行业经过风险出清后，符合监管规定的业务模式稳定存在，场景金融业务逐渐发挥作用。钟鼎礼（2018）指出，消费金融面临的风险具有复杂性、隐蔽性和滞后性等特点。李俊和李冠青（2023）认为，互联网银行模式和传统银行的数字化转型模式是普惠金融的"互联网＋"模式。刘伟和刘改娟（2023）认为，股权众筹这种业务模式随着2020年监管的风险出清后彻底退出了历史舞台。

二、互联网金融信用风险内涵、影响因素与测度研究

相较传统金融而言，互联网环境下的信息不对称问题更加严重，所以信用风险难以被有效捕捉和判断，如何正确认识和测度互联网金融信用风险，提高风险控制能力，防范和化解信用风险，是互联网金融行业健康可持续发展的保证。以下从三个方面对互联网金融信用风险的内涵、成因、测度以及测度结果应用的研

究成果进行回顾梳理，文章后续内容将在此基础上展开。

（一）互联网金融信用风险内涵

互联网金融的信用风险研究主要从两个角度展开：一个是从金融风险角度研究；另一个是从互联网金融整体或不同业务模式的信用风险角度研究。

从金融风险的视角来分析，闫真宇（2013）提出，互联网金融不确定性与风险很难控制，有更易传播、瞬时性与虚拟性等特征。杨群华（2013）围绕此类风险的内涵开展分析的过程中提出，依据目前所呈现出的特点其风险必定存在，且在风险发生前各类不良因素都会诱发互联网金融发展中的风险爆发，例如，技术问题、虚拟服务、法律法规层面的风险。谢平（2014）围绕该问题开展分析，探讨金融风险的两个基本特征：①信息科技风险，此类风险主要源自网络对金融的渗透现象，因为信息科技出现的各类风险相对较大，传统监管的关注度较少；②"长尾"风险，在发展过程中会遇到各类不确定的客户，并且此种客户的具体信息无法获取完全，也使得互联网金融在发展过程中更不稳定，容易滋生风险。国家信息中心经济预测部课题组（2013）在研究中总结了征信风险等十个核心风险；在当前的发展过程中，需要合理把握运营风险，针对某个风险进行实时的监管以实现风险的规避和风险的降低。

在互联网金融整体或不同业务模式信用风险方面，张飞（2015）在研究过程中主要针对第三方支付行业所涉及的各类风险进行细节化阐述，并且第三方支付过程中所处的各类环境也将影响到风险发生的概率。顾海峰和杨立翔（2017）在研究过程中针对第三方风险从五个角度予以说明，而后对防范此类风险进行相应的措施化。贾洪文等（2020）在研究过程中认为第三方支付机构存在信用风险，在开展各类服务的过程中要注重卖方违约风险和第三方违约风险，第三方支付机构本身就会存在信息缺失的问题，例如，无法实现信息方面的完全掌握也无法对其业务的开展带来正向的引导作用，如果第三方支付机构表现出中介的性质，有利于各项事务的展开以减少风险的发生，优化社会信用体系。冯兴元等（2020）指出，虽然P2P平台的本质属性理应是信息中介，但由于政府在P2P平台发展的前期采取"先发展，后规范"的宽松政策，因此中国大量的P2P平台都出现了信用中介的属性，甚至形成了"刚性兑付"的不成文规定。张茂军等（2021）基于实证研究结果显示：对于P2P网络借贷平台，金融科技的发展会加深其所承担的信用风险，但是会降低其所承担的流动性风险；监管政策的实施同时降低了P2P平台的流动性风险和信用风险；监管政策的实施有助于金融科技对P2P平台风险的抑制。冯彦杰和齐佳音（2020）认为，网络股权众筹平台在发展过程中会受到信用风险的影响，其中不仅包括融资方头领人的影响，也包括各类信息的把握，如投资人的信用信息无法确定等也会导致风险的发生。马德功等（2018）在研究过程中发现，消费金融的信用风险在主观方面主要表现为个人或公司借款者由于突发状况导致个人生活或公司经营无法正常进行，借款难以如期归还；在客观方面主要表现为宏观经济进入衰退周期后，消费贷款业务规模收缩，社会整体收入下降，借款人不能按时足额还款。

（二）互联网金融信用风险影响因素

传统金融的信用风险主要是由于信息不对称和道德风险的存在而产生的违约风险，而互联网金融信用风险由于互联网因素的存在，一方面，在理论上降低了信息不对称导致的信用风险；另一方面，互联网元素带来的时间空间天然的分离性，不仅加大了主观违约的可能性，而且由于其"长尾特征"，也让互联网信用风险带来的后果更加严重。

李真（2014）认为，由于存在第三方支付主体资格不明确、经营范围超出规定、过多的在途资金，网络借贷征信系统和信息共享机制的缺失等问题，因而在当前发展过程中虚拟货币需要货币约束，需要法律层面带来的各种规章和要求，若此约束消失，则会引发通货膨胀，这些都是互联网金融各种模式下信用风险的具体体现，需要及时防范和有效监管。李国义（2017）认为，违约行为所获得的净收益较高，是导致信用风险出现的核心原因。陈秀清等（2018）在分析中提出，当前的网络信息甄别水平较差，可供获取数据的信息来源不足，在其中还存在数据失真的现象，在模型设计上有显著问题，配套的征信系统需进一步优化，教育体系有待完善是互联网证券信用发展的根源。牛明健（2018）分别从审核、融资、投后管理和退出四个阶段研究我国互联网金融股权融资存在的信用风险及其原因。叶文辉（2017）研究对象包括征信机构的运行机制和信用支付，新环境下的中小银行信贷、理财业务、现金贷以及英国"监管沙箱"的运作机制等内容，认为业务模式的主体战略定位混乱、运营机构独立性不足、同质化严重、民众缺乏认可、监管体系有待优化、个人征信系统不完善、法律法规未跟进等都是信用风险形成的原因。陆岷峰和周军煜（2018）从生态学的新视角研究互联网金融信用风险，探讨的内容涉及互联网金融生态主体之间的博弈关系以及有别于传统金融生态的战略，"互联网＋"和成长链金融产品与传统金融生态的结合，认为道德规范的短板，是权益保护系列问题出现的根源。谭中明等（2018）通过生态圈运行角度刻画 P2P 网络借贷业务模式，同时结合博弈论的方法分析信用主体的行为，信用风险的形成以及防范。衷凤英和杜朝运（2019）使用博弈论的方法，通过分析鑫合汇的例子研究 P2B 的运营模式和信用风险的控制，除此之外，当前围绕相关课题所开展的研究中，极少围绕少数民族区域展开分析、促进该区域普惠金融发展的案例。

（三）互联网金融信用风险测度

1. 研究阶段

互联网金融信用风险测度研究领域的发展充分反映着实务界的变化，按照研究成果数量（来源知网数据）的变化可以分为以下四个阶段：第一阶段为萌芽期（1995~2012 年），这个阶段是互联网金融整个行业的起步阶段，业务模式单一，年均文献发表数量不足 2 篇，研究成果很少，但学术力量稳定增长。第二阶段为发展期（2013~2017 年），2013 年开始有较为快速的发展，不仅新的互联网平台积极发展金融业务，而且传统金融平台的业务也在全面"触网"，向更为细化、更为专业的方向快速发展，金融创新各种业务模式，金融科技与实体经济深度融合，但信用风险持续累积引起监管层高度重视，行业风险出清，这个阶段研究领域的学术地位确立，年均文献发表数量增长迅速，由 2013 年的 5 篇发展到 2017 年的234 篇，研究成果紧跟实务界的发展节奏。第三阶段为稳定期（2018~2019 年），互联网金融行业规范发展，牌照准入，混业经营，出现规模较大的金融控股公司垄断趋势，学术领域年均文献发表数量 150 篇以上。第四阶段为成熟期（2020 年至今），也是互联网金融精细化运营的存量时代，行业竞争格局由"头部集中"走向"生态分散"，金融与科技互归本源，学术领域研究文献年均 100 篇以上。

2. 研究主题

互联网金融信用风险测度领域研究主题的发展，伴随金融功能、互联网技术的持续发展与融合，有更为深入的认知与了解，带动业务模式实现了更为快速的发展。当前学者围绕相关课题所进行的分析，重点为下述四大维度：①互联网金融整体信用风险的测度研究；②互联网金融的出现对传统金融信用风险影响程度的研究；③互联网金融具体业务模式信用风险测度研究；④测度结果的应用研究。

（1）在互联网金融整体信用风险的测度研究方面，学者或者从测度综合风险的角度研究整体信用风险，或者直接测度整体信用风险。从测度综合风险的角度研究整体信用风险方面，何雯好（2020）采用模糊层次分析法构建综合风险指标体系，一级指标包括技术风险、信用风险、操作风险等六个。董小君和石涛（2020）通过 PVAR 模型从信用风险、流动性风险以及市场风险三个维度进行实证分析，共同结论是目前我国互联网金融风险等级处于高风险及以上，且信用风险是最主要的风险隐患。欧阳资生和莫廷程（2016）依据互联网金融指数和上证综合指数的日收益率数据进行 Pareto 极值分布模型的 Var 估计，结果表明，该模型能准确反映互联网金融的风险，且互联网金融的风险大于整个股票市场的风险。在直接测度互联网金融整体信用风险的研究角度上，孙小丽和彭龙（2013）研究发现，将 KMV 模型运用到信用风险评估，在实践之中具备可行性，但样本的选取未能体现行业特点。陈春瑾（2019）从定性角度构建互联网生态圈的信用风险评价指标体系并赋予相应权重，但缺乏实证研究验证。冯振（2016）以互联网金融业务运营公司为研究对象，借助 KMV 模型，间接测度互联网金融整体信用风险，该研究思路不乏新意，但研究样本局限于互联网金融发展中期，且缺乏理论基础的阐释。所以直接测度互联网金融整体信用风险的研究文献数量很少，缺乏理论基础，且实证说服力不足，亟待后续学者的研究补充。

（2）在互联网金融的出现对传统金融信用风险影响程度的测度方面，研究成果分歧很大。一部分学者认为，互联网金融的出现增加了传统金融的信用风险。李明选（2015）使用 Eviews 统计软件中的邹检验（Chow Test）方法实证研究发现，在 2005 年我国出现互联网金融后，金融机构信用风险发生了显著的结构性变化，通过虚拟变量法检验结果测出信用风险因此变大了。刘敏悦和孙英隽（2020）通过"文本挖掘法"选取指标并进行主成分降维分析，然后采用随机效应回归模型测度发现互联网金融会加剧传统商业银行的信用风险。另一部分学者认为，互联网金融的出现反而降低了传统金融的信用风险。冯冠华（2018）通过面板门限回归方法实证检验发现，由于互联网金融信用风险的存在使金融市场形成了针对个体金融服务消费者风险偏好的有效甄别机制，传统金融信用风险反而因此降低了。

（3）在互联网金融具体业务模式信用风险测度研究方面，根据现有文献从传统金融互联网延伸业务模式、网络支付与数字货币业务模式和互联网金融理财与融资业务模式三个方面对研究成果进行梳理。

首先，是传统金融互联网延伸业务模式。传统金融互联网延伸业务模式的经营主体主要是传统金融机构，经营形式是网上网点业务模式，业务内容包括银行、保险、证券等传统金融业务。由于经营主体是传统金融机构，信用风险测度和管理技术相对稳定成熟，结合互联网技术只是扩大了服务范围和对象，金融服务本质并未改变，所以研究文献数量较少，学者的主要研究兴趣在于纯网络业务模式对传统金融机构信用风险影响程度的测度。沈中华等（2018）认为，传统商业银行互联网化分为以电子计算机为终端的第一阶段和目前所处的手机银行阶段，文献运用 Heckman 两阶段模型进行实证研究，发现手机银行快速发展能提高商业银行的盈利水平，但对其信用风险没有显著影响。

其次，是网络支付与数字货币业务模式。在网络支付与数字货币业务模式相对于其他模式，信用风险测度的研究文献数量较少，以规范分析为主。在网络支付方面，实证分析主要从测度综合风险以及信用风险这两个角度进行。实证分析方法比较单一，主要使用层次分析法结合模糊分析法构建综合评价指标体系对风险进行判断。贾洪文和贾镇燕（2020）与顾海峰和杨立翔（2017）分别对互联网支付和移动支付的总体风险（法律风险、信用风险、操作风险、系统风险等）设置指标体系进行实证研究，发现两者的总体风险都为"一般等级"且信用风险都处在较低水平。苑春荟和王晨（2017）运用制度经济学理论，从制度约束、契约基础、产权安全以及利益权衡四个层面设置三级指标体系对支付企业与用户之间的信用风险影响因素进行评估；吴晓光（2011）通过理论分析提出运用专家系统进行测度研究。在数字货币方面，研究文献主要探讨数字货币与区块链、现金货币、消费升级、宏观经济和人民币国际化等关系，缺乏信用风险内容的研究。

最后，是互联网金融融资与理财业务模式。互联网金融理财模式包括网络银行理财、网络保险和网络证券等业务，信用风险研究文献数量较少。学者主要对理财产品信用风险产生的原因进行规范分析，或研究借助信用违约互换规避投资者信用风险。随学超和闫言（2017）运用多元排序选择模型分析大学生作为个人投资者对互联网理财信用风险的认知偏差。韩锦绵和王馨梓（2015）通过收益率数据来测算互联网金融理财产品的风险水平。在网络保险方面，学者主要关注业务模式创新、财务风险模型预警等方面的主题；在网络证券方面，学者的研究重点在于发展纯线上模式的限制因素，互联网思维与目前证券业务的有效融合，都缺乏对信用风险的直接研究。

在互联网金融融资模式方面，主要使用理论和实证研究方法。

在使用理论方法进行研究时，博弈模型相对较为多见，该模型被用于分析融资活动中各方主体的信用关系。详细而言，对 P2P 模式的系列分析之中，李霖魁（2020）在分析过程中，应用社会资本理论构建专业模型，围绕关联信用风险开展针对性的分析。谭中明等（2018）在整个分析过程中，基于生态学的视角深刻分析关联的信用风险。关于供应链金融机制的问题，李光荣等（2020）结合系统论的视角，深度分析六个要素的基本分析结构，对信用风险开展针对性分析；围绕消费金融模式的问题，徐爽等（2020）应用现代投资组合理论对消费信贷发放平台评估个人信用风险的影响因素进行研究，该理论研究表明，对借款人收入信息的甄别、对借款人守约行为的机制设计和对大量借款人的金融资产配置是影响平台对个人信用风险评估的三个重要因素。针对众筹模式，赵成国等（2019）基于仿生学原理，运用金融生态系统理论，研究与构建了互联网科技众筹金融生态风险控制体系。张奇等（2019）基于复杂社会网络与行为金融，将连续的 DeGroot 模型拓展至离散决策情形的多 Agent 模型，对信息不对称背景下中国充电桩众筹市场中的违约风险进行建模与分析。

在实证分析方面，研究角度比较单一，提供方风险分析偏少。学者主要围绕资金需求方或平台展开信用风险测度研究。研究内容包括选取信用风险评价指标、对选取的指标进行处理以及构建信用风险测度模型。

在选择信用风险评价指标时，不同模式选择指标的侧重点有所不足。对 P2P 模式风险测定指标开展分析，王丹和张洪潮（2016）在分析之中提出，需要将定量、定性方法进行有效融合，同时还要开展多维度分析。郭海凤和陈霄（2015）指出，不仅要选择和平台存在联系的指标，同时还需要考虑网贷参与者的关联指标，这些指标对风险分析极为关键。姚畅燕和吴姗姗（2016）在分析中，基于宏观、微观选择指标。P2P 模式的借款人，关系到企业与个人等主体。个人指标选择和消费金融模式相对接近，蒋先玲等（2020）提出，应关系到借款、借款人与认证等的基本信息；张成虎和武博华（2017）认为，应该结合软信息。在考虑企业信用风险指标选择时，计算信用风险指标的过程中，孙海莹（2015）认为，可以从企业管理者情况、企业经营状况、企业发展前景、企业偿债能力和企业信用记录五个方面考虑指标的选取。李鑫（2019）提出要综合资金、时间成本等因素开展整体分析。区别于 P2P 模式，供应链金融的融资对象虽然也是企业，但是指标的选取需从整体供应链的角度出发，提升对核心企业资信水平、供应链运作状况等方面的考虑，同时融入线上化因子，例如，匡海波等（2020）认为，指标应该包括申请人资质、交易对手资质、融资项下资产状况和供应链运营情况等方面。

在对选取的指标进行降维处理时，使用的方法不尽相同，但都是在上一步骤基础上，从不同角度考虑，尽可能多地包括研究对象的有效信息。通过梳理不同业务模式信用风险指标的处理方法，整理结果如表 1-2 所示。

表 1-2　P2P、供应链金融、消费金融、众筹模式信用风险评价指标筛选及赋权方法的代表文献

信用风险主要评价指标筛选方法	P2P 代表文献	供应链金融代表文献	消费金融代表文献	众筹代表文献
专家打分法（6C）		李志华等（2015）、吴屏等（2015）	马德功等（2018）	
主成分分析法（PCA）	冯旭日（2014）、井浩杰（2019）、陈为民等（2019）	胡波（2017）、王宝森等（2017）、沈波等（2018）、杨希等（2019）	王变霞（2019）	

续表

信用风险主要评价指标筛选方法	P2P 代表文献	供应链金融代表文献	消费金融代表文献	众筹代表文献
因子分析(FA)	郭海凤等（2015）、李敏芳等（2015）、赵礼强等（2018）、仝凌云（2019）、谭中明（2017，2019）、张茂军等（2021）	杨军(2017)、沈波等(2018)、周红（2020）、匡海波等（2020）	胡一凡等（2018）	
层次分析法（AHP）	孙海滢（2015）、张成虎和武博华(2017)、王丹等（2016）、刘晓宇等（2018）、康峰等（2019）、荣明杰（2017）、朱传进等（2017）	顾玲丽（2015）、范方志（2017）、白少布（2007）、陶强（2012）、王帅等（2014）、牟伟明（2018）	牛毓欣（2018）、赵崤宏（2019）	纪晓东等（2020）、冯彦杰等（2018）
熵权法	陈雪莲（2019）、徐荣贞和王华敏（2018）	龙云飞（2013）、汪鑫（2014）、刘骅等（2016）		
随机森林算法（RFC）	操玮等（2018）、马春文（2019）、于晓虹（2015）	蒋先玲等（2018）	龙海（2019）、周永圣（2020）	
盲数评价		鞠彦辉等（2018）		

资料来源：笔者整理。

如表 1-2 所示，层次分析法、因子分析法和主成分分析最为常用。学者除使用单一方法外，还针对不同方法各自的局限，尝试改进或不同组合，保证筛选赋权后构建的信用风险指标体系更有效。张成虎和武博华（2017）通过层次分析法与 DEMATEL（决策实验室法）相结合确定指标体系的最终权重。康峰等（2019）等通过层次分析法确定指标权重后，构建基于模糊数学综合评价方法的定量指标评价模型和基于专家评分表的定性指标评价模型。杨洋洋和谢雪梅（2019）结合神经网络判别法和层次分析法基于时间帧测度构建电商网贷动态信用评级模型。在 P2P 模式指标筛选赋权时，井浩杰和彭江艳（2019）利用主成分分析模型结合熵权法和方差百分比赋权。陈为民等（2019）以及徐荣贞和王华敏（2018）将熵权法和 CRITIC 法相结合。在供应链金融指标筛选方面，匡海波等（2020）使用偏相关—方差分析进行第一次筛选，根据风险因子鉴别最优原理再通过逐步神经网络遴选。鞠彦辉等（2018）使用盲数评价模型创建指标体系。陈为民等（2023）使用 ADASYN 算法对随机森林模型进行改进建立信用风险评估模型。

在构建信用风险测度模型时，学者对互联网金融不同的业务模式选择相同或相异的模型进行信用风险的测度。通过对 P2P、供应链金融、消费金融、众筹等具体业务模式使用的模型类型进行文献梳理，整理出使用单一模型进行信用风险测度的文献如表1-3所示，使用多个模型测度与比较如表1-4所示。

表1-3 P2P、供应链金融、消费金融、众筹模式信用风险主要度量预警模型及代表文献单个模型

信用风险主要度量预警模型	P2P 代表文献	供应链金融代表文献	消费金融代表文献	众筹代表文献
多元判别模型	Harpreet Singh（2008）、Ram Gopal（2008）、Xinxin Li（2008）、冯旭日等（2014）			吴晶妹等（2017）
回归模型	于晓虹(2015)、严复雷（2016）、姚凤阁等(2016)、赵礼强等(2018)、谭中明（2018）、赵成国（2018）、邹明芮（2018）、阮素梅（2018）、谭中明（2018）、井浩杰（2019）、李鑫（2019）、陈雪莲等（2019）、马春文（2019）、陈为民等（2019）、仝凌云（2019）、蒋先玲（2020）、李昕玮（2020）	王俊籽等（2017）、杨军(2017)、王宝森等（2017）、胡波（2017）、胡胜等（2018）、沈波等（2018）、杨希等（2019）、周红（2020）	万谍等（2018）、王正位等（2020）	刘志迎等（2018）、甄烨等（2016）、邓金卫（2016）、陈娟娟等（2017）
BP 神经网络	李昕等（2018）、仝凌云（2019）	杜跃平等（2013）、吴屏等（2015）		
支持向量机（SVM）	张卫国等(2018)、郭晓云等(2017)	胡海青等（2011）	曾鸣等（2019）	
结构方程模型（SEM）	谭中明（2019）	李光荣（2020）		
解释结构模型(Interpretative Structural Model，ISM)		刘宏等（2015）		
动态信用评级模型		杨洋洋（2019）		

资料来源：笔者整理。

表1-4 P2P、供应链金融、消费金融、众筹模式信用风险主要度量预警模型及代表文献多个模型

信用风险主要度量预警模型	P2P 代表文献	供应链金融代表文献
Logistic 模型和决策树模型	余华银等（2017）、王文怡等（2018）	王琪（2010）
逻辑回归、决策树、随机森林、支持向量机模型	程晖（2018）	
逻辑回归、随机森林		蒋先玲（2018）

资料来源：笔者整理。

如表 1–3、表 1–4 所示，有的学者建立单个模型，有的学者通过多个模型的实证分析比较，找到相对准确度较高的模型。在建立单个模型的文献中，回归模型因其数据要求较低、计算简便、变量解释能力强，最常被学者采用，但受大样本影响，预测精确度不够高。学者对该模型进行改进，阮素梅和周泽林（2018）将 LASSO 思想与 Logit 模型相结合，建立 L1 惩罚 Logit 模型，能够得到比支持向量机模型、普通 Logit 模型更好的预测效果。支持向量机模型有着更好的克服主观性，学习泛化能力强，也是互联网金融融资模式常用的信用风险评估模型，但其对数据缺失较敏感，应用到大样本数据也有一定局限，学者在应用过程中进行改良。曾鸣和谢佳（2019）采用主成分分析法筛选变量，通过 PSO 算法对 SVM 进行优化，模型预测准确率为 91.333%。BP 神经网络模型无须设计初始权重，SEM 模型在分析中能直接减少测量误差且分析出潜变量之间的结构关系，也是被学者使用的模型。学者在实证研究中，对多个模型的预测效果进行比较。王文怡和程平（2018）认为，决策树模型整体上要优于 Logistic 回归的判别。程晖和董小刚（2018）通过对比逻辑回归、决策树、随机森林、支持向量机模型的准确率、正例命中率、模型的可解释性等方面，最终选取逻辑回归模型来预测信用风险。蒋先玲等（2020）通过实证比较 SMOTE–RF（随机森林）、C–SMOTE–RF、Logistic、随机森林 (RF) 这四种信用风险判别模型后发现，C–SMOTERF 模型显得更加有效。陈为民（2022）通过潜在语义分析挖掘每笔借款的文本描述内容，并运用二分位数回归模型测度互联网金融信用风险。

（4）在互联网金融信用风险测度结果的应用方面，研究成果相对有限，主要应用于信用评级、预警等方面。由于数据可得性以及业务模式发展成熟程度不同，该领域的研究对象主要以互联网金融网贷平台为主，测度结果的应用也主要是针对网贷平台或借贷交易对象信用风险的评级或预警，而针对互联网金融业务运营主体信用风险的测度研究成果非常匮乏，基本没有这方面的运用。例如，李树文（2010）对 P2P 网贷平台的数据按指标体系分类，然后采用主成分分析进行降维处理，在尽可能少的损失信息条件下提高模型估计效率，实证结果表明，资产质量越良好、流动性越充裕、IT 技术实力越强，则 P2P 网贷平台的风险水平越低。这些是对 P2P 平台金融风险有重要影响的变量，投资者可根据所估计的 Logistic 回归模型测算某一平台的风险水平。在应用研究方面，Logistic 模型预测风险正确率超过 90%。全颖和敬然（2018）通过收集 RRD 网络借贷平台 9 个不同行业的借款组合数据，首先运用 KMV 模型计算违约概率，其次运用 Credit Risk+ 模型计算出 9 个行业每一频带的预期损失，最后计算得到该样本平台的违约损失及非预期损失结果，由此明确其经济资本的需求量以及更有针对性地制定借款人信用风险防控策略，并将其应用到样本平台的借款人信用风险预警系统管理中。王钊（2019）基于 P2P 借贷数据实证研究全因子设计在不同模型的组合所构成的四种混合治愈模型的判别性能以及效准性能，验证了无论是利用随机森林方法替代传统的逻辑回归方法来构建违约状态判别模型，还是利用时间依赖风险方法替代传统的 Cox 比例风险回归方法来构建违约时间估计模型，均可以显著提升模型的判别性能以及效准性能。P2P 借贷平台可以据此评估借款人的信用水平，进行定价、风险管控、回款金额预测和贷后催收等。市场投资者可以据此对借款人信用风险进行动态评价，预测借款人在不同时间下的违约概率，从而在贷前更为精准地计算借款人的违约概率以及期望收益，在贷后更为及时地采取风险应对措施，如信用违约互换等。

三、文献述评

互联网金融信用风险测度研究领域是伴随着实业发展，以及对金融功能和互联网技术融合过程理解的不断深入而发展起来的。通过对研究文献进行梳理发现，按照研究成果数量（来源知网数据）的变化，该领域的发展可以分为四个阶段：萌芽期（1995~2012 年）、发展期（2013~2017 年）、稳定期（2018~2019 年），以及成熟期（2020 年至今），每个阶段的研究重点都有所侧重。

互联网金融信用风险测度研究领域主要围绕以下三个方面展开研究：互联网金融整体信用风险的测度、互联网金融的诞生对传统金融信用风险的影响以及互联网金融具体业务模式信用风险测度。

首先，在互联网金融整体信用风险的测度研究方面，学者或者从测度综合风险的角度研究整体信用风险，或者直接测度整体信用风险。学者从测度综合风险的角度研究整体信用风险时发现，目前我国互联网金融风险等级处于高风险及以上，且信用风险是最主要的风险隐患。而在直接测度互联网金融整体信用风险的研究角度上，通过文献梳理发现，直接测度互联网金融整体信用风险的文献数量很少，缺乏理论基础，且实证说服力不足，这部分研究亟待后续学者补充。

其次，在互联网金融的产生对传统金融风险影响的研究方面，研究成果分歧很大，学者观点甚至完全相反，具体分歧体现在综述细节。

最后，在互联网金融具体业务模式信用风险测度研究方面，研究包含三个角度：互联网传统金融延伸业务模式、网络支付与数字货币业务模式和互联网金融理财与融资业务模式。在第一个角度，互联网传统金融延伸业务模式的研究文献数量较少，学者的主要研究兴趣在于纯网络业务模式对传统金融机构信用风险影响程度的测度。在第二个角度，在网络支付与数字货币业务模式相对于其他模式，信用风险测度的研究文献数量较少，以规范分析为主。在第三个角度，互联网金融理财业务模式与互联网金融融资业务模式的研究内容和侧重点不同。互联网金融理财模式信用风险研究文献数量较少。互联网金融融资模式信用风险的测度研究文献丰富，主要使用理论和实证方法，研究对象包括 P2P、消费金融、供应链金融和众筹等具体业务模式的资金需求方或平台，信用风险测度内容包括筛选信用风险评价指标并构建信用风险评价体系，据此对研究对象进行信用风险评价或分级，或者结合评价指标体系构建信用风险度量和预警模型。

综上所述，由于数据可得性以及业务模式发展成熟程度不同，该领域的研究对象主要以互联网金融的金融风险为主，业务模式主要是网贷平台，所以测度结果的应用也主要是关于网贷平台本身或借贷交易对象金融风险或信用风险的预警，专门针对互联网金融业务经营主体信用风险测度的研究，以及研究成果的拓展应用在目前该领域非常匮乏。

第三节 研究目标、内容及技术路线

一、研究目标

本书主要有两个研究目标：一是通过对互联网金融以及信用风险的相关概念进行梳理，研究互联网金融的本质属性；二是对互联网金融业务经营主体信用风险进行测度的实证研究，并从宏观与微观两个角度对研究结果进行拓展应用。

二、内容

本书的研究围绕信用风险内涵、特点、影响因素和互联网金融发展过程进行梳理，为构建互联网金融业务经营主体信用风险的实证研究框架打下基础；剖析互联网金融业务经营主体信用风险的内涵、特点、影响因素以及测度研究现状，选择适合的经典信用风险测度方法进行互联网金融信用风险实证研究；基于实证研究成果对测度模型进行改良；结合测度研究成果，从微观和宏观两个角度进行应用研究。在微观角度上，从信用风险和流动性、营利性、资本结构和成长性等方面与财务业绩的关系进行回归实证研究，为互联网金融业务的经营企业在控制信用风险与取得良好财务业绩之间取得平衡提供思路，在宏观角度上，探讨

KMV 模型作为监管当局监测互联网金融信用风险变化的金融工具的可行性。具体的研究内容包括以下七章：

第一章为绪论。首先，介绍本书的背景与意义；其次，评述国内外现有的研究成果，提出本书写作的目的、内容和技术路线；最后，阐述本书的特色与创新点。

第二章为信用风险与互联网金融。首先，从金融结构理论、功能金融理论、金融创新理论角度对互联网金融的金融本质属性进行理论溯源；其次，从长尾理论、产业融合理论角度对互联网金融的互联网基因带来的影响从理论层面进行分析；最后，从金融脆弱性理论、信息不对称理论以及行为人有限理性角度为互联网金融信用风险的形成寻找理论基础。通过以上三个角度的理论溯源，夯实互联网金融信用风险测度实证研究的理论基础。

第三章为互联网金融信用风险测度概述。首先，对互联网金融业务经营主体的信用风险内涵、特点和影响因素等相关概念进行概述；其次，剖析互联网金融信用风险测度研究现状，评述传统金融信用风险成熟理论与测度方法；最后，根据互联网金融信用风险的特点与测度研究现状，构建测度的实证研究框架。

第四章为互联网金融信用风险违约状态判定的实证研究。选取经营互联网金融业务上市公司作为样本，采用数理统计模型中经典的多元判别分析以及 Logistic 回归模型进行实证研究。通过实证研究判断，仅仅使用基于财务数据的数理统计模型对互联网业务的经营主体进行信用风险恶化分析反映情况。

第五章为 KMV 模型对互联网金融信用风险测度实证研究。选择具有现代金融理论基础的 KMV 模型对互联网金融业务经营主体信用风险测度进行实证研究。展开适用性和稳健程度的研究；展开 KMV 模型对互联网金融信用风险测度及信用风险恶化的反映程度；对 KMV 模型进行敏感性分析研究，互联网金融业务经营主体以及整个行业信用风险恶化的关键影响因素。

第六章为改良后的 KMV 模型对互联网金融信用风险测度的实证研究。GARCH 与 EGARCH-M 对 KMV 模型进行改进，实证研究改进后的模型对互联网金融业务经营主体的信用风险恶化情况的反映程度。原来 KMV 模型股权价值波动率是采用统计方法计算，GARCH 模型能够提高收益率时变性描述的准确性，但要求样本正态分布，而 EGARCH-M 在这点上具有优越性。通过使用这三种方法对股权价值波动率进行改进计算，然后结合 KMV 模型以及互联网金融业务经营主体的行业特色样本进行实证研究，判断改进后 KMV 模型对描述互联网金融信用风险金融时间序列数据波动规律性的准确程度上是否具有优越性。

第七章为改良后的 KMV 模型对互联网金融行业的应用研究及相关建议。EGARCH-M 模型改良的 KMV 模型测度的互联网金融信用风险结果从宏观和微观角度应用研究。在微观角度上，考虑将信用风险测度结果以及流动性、营利性、资本结构和成长性方面的指标作为自变量，财务业绩指标作为因变量进行回归分析，而后研究自变量和因变量存在的关联，为互联网金融业务的经营企业在控制信用风险与取得良好财务业绩之间取得平衡提供思路。在宏观角度上，剖析互联网金融信用风险测度结果与监管政策变化的关系，探讨 KMV 模型作为监管当局监测互联网金融信用风险变化的金融工具的可行性。

第八章为结论与研究展望。本章首先全面梳理了互联网金融信用风险相关概念、理论及测度方法；其次对互联网金融信用风险测度进行实证研究；最后基于改良后 KMV 模型对互联网金融信用风险测度的实证研究结果在宏观和微观领域进行拓展应用。此外，对该领域的研究展望主要包括三个方面：第一，希望从理论角度对互联网金融信用风险的研究能有所突破；第二，希望互联网金融信用风险的测度研究能降低对资本市场信息的依赖程度；第三，希望我国建立完整的历史违约数据库。

三、技术路线

本书的技术路线如图 1-1 所示。

第四节　研究创新

与已有著作相比，本书研究特色与创新之处体现在以下三点：

第一，对互联网金融信用风险违约状态的判定和测度研究。本书在第三章相关概念的梳理与回顾发现，互联网金融信用风险既有传统金融信用风险的特点，同时互联网基因导致信用风险的恶化速度更快，传播涉及面更广。第四章至第六章针对这个方面展开实证研究。

首先，实证研究发现，基于财务信息的线性多元判别模型和非线性 Logit 回归模型对互联网金融信用风险只能进行违约状态的判定，无法动态跟踪信用风险变化，以及显示信用风险的"安全距离"，所以无法适用互联网金融信用风险恶化速度快、传染面广的特点，且缺乏理论基础无法深入分析。

其次，KMV 模型的实证结果显示，该模型能够弥补以上缺陷，不仅能准确判定信用风险的恶化状态，而且有"安全距离"的数值描述，更适合互联网金融行业信用风险的分析。

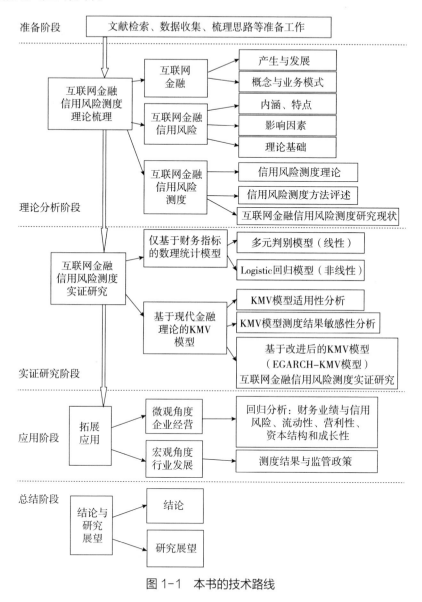

图 1-1　本书的技术路线

最后，由于原来 KMV 模型股权价值波动率是采用统计方法计算，在刻画股权价值波动率上存在不足，GARCH 模型能够提高收益率时变性的描述，但要求样本正态分布，而 EGARCH-M 在这点上具有优越性。所以通过 GARCH 与 EGARCH-M 计算方法对 KMV 模型股权价值波动率进行改进，对互联网金融业务经营主体的信用风险进行实证研究，发现基于 EGARCH-M 改进后的 KMV 模型对描述互联网金融信用风险金融时间序列数据波动规律性的准确程度上具有优越性，对互联网金融信用风险恶化程度的识别精确度更高，时变性更强，反映比较充分且迅速。所以基于 EGARCH-M 改进后的 KMV 模型适合描述互联网金融信用风险特点。

第二，通过 KMV 模型的敏感性分析发现，互联网金融业务经营主体以及整个行业在发展过程中，信用风险变化受资产价值波动率和股权价值波动率的影响非常大，所以对于企业经营者和监管当局为了维持企业存续经营和行业信用风险整体可控而言，这两个都是需要被重视的关键因素。同时，由于股权价值波动率是互联网金融信用风险恶化的关键敏感因素，对于互联网金融信用风险的研究来说，具有一定深入研究的价值。

第三，基于 EGARCH-M 改良的 KMV 模型对互联网金融信用风险测度结果从宏观和微观角度进行研究。在微观角度上，考虑将信用风险测度结果以及流动性、营利性、资本结构和成长性方面的指标作为自变量，财务业绩指标作为因变量进行回归分析，然后结合相关程度，为互联网金融业务的经营企业在控制信用风险与取得良好财务业绩之间取得平衡提供思路。在宏观角度上，通过分析发现，监管节奏的变化和监管有效程度能够通过改进后 EGARCH-M 的 KMV 模型信用风险实证结果进行准确反应，改进后 EGARCH-M 的 KMV 模型非常适合作为当下混业经营的互联网金融业务经营企业或整体行业日益复杂多变的信用风险测度、预警、监管的金融工具，为我国监管部门在鼓励创新与风险控制之间取得平衡提供参考。

第二章

信用风险与互联网金融

通过第一章对互联网金融信用风险测度研究领域的文献回顾，可知对信用风险与互联网金融内容的讨论也具有一定的现实意义。本章主要对研究对象进行梳理和剖析，为后续章节的实证研究奠定基础。首先，从内涵、特点、影响因素角度对信用风险进行阐释；其次，对互联网金融的产生、发展和业务模式进行回顾；最后，从互联网、金融、信用风险三个角度对互联网金融信用风险进行理论基础的溯源。

第一节 信用风险内涵、特点、影响因素

信用风险作为金融风险中最古老的一种，厘清其内涵、特点、影响因素，有助于认识互联网金融信用风险以及后续展开测度研究。

一、信用风险内涵

风险是一种不确定性，金融风险作为风险之一，表示可能引起损失的不确定性，具体是指经济主体在从事资金融通过程中可能遭受损失的不确定性。目前业界最为常见的《巴塞尔协议》中《有效银行监管的核心原则》的划分标准，按照风险发生诱因的不同，将金融风险划分为信用风险、市场风险、操作风险、流动性风险、法律风险和声誉风险。

（一）定义

信用风险是一种主要的金融风险。传统的观点将信用风险等同于信贷风险，即债务人未能如期偿还债务造成违约，给经济主体经营带来损失的风险。然而，随着经济的发展以及风险环境和人们认知的变化，传统观点已经不能反映现代信用风险的本质特征，尤其当以纯粹信用为标的的金融产品和市场出现以后，信用资产不仅会因为交易对手直接违约而发生损失，而且还会因为交易对手履约可能性的变动而发生损失，比如交易对手信用等级下降、盈利能力降低等信用状况的改变给信用资产带来损失。因此，现代意义上的信用风险不仅包括与借贷行为有关的违约风险，而且还泛指经济合约中任何一方信用状况发生变化使另一方资产价值发生变化而蒙受损失的可能性，由此可以看出，只要签订了合约就存在信用

风险。所以与传统的信用风险定义相比，现代意义上的信用风险定义更符合当前经济环境。

（二）分类

每个经济主体都可以作为信用风险的主体，因此根据经济主体的不同，信用风险可以分为以国家为主体从事经济交易或金融活动产生的主权信用风险、以企业（包括金融企业和非金融企业）为主体从事经济交易或金融活动产生的企业信用风险、以居民家庭为主体从事经济交易或金融活动产生的个人信用风险。通常来说，企业（包括金融企业和非金融企业）信用风险既可以指企业自身的信用风险，也可以指企业面临的信用风险。企业（包括金融企业和非金融企业）自身的信用风险可能由日常经营管理中内控机制不严而导致，也可能由企业经营过程中交易对手的情况或市场环境变化导致。信用风险还可以按照风险的性质分为主观形成的信用风险和客观形成的信用风险，否则风险按照能否分散可以分为系统性信用风险和非系统性信用风险。

二、信用风险特点

随着经济社会的不断发展，整体信用风险复杂化，不仅透明性大幅度降低，也很难有效地预判。信用风险具有以下六个方面的特点：

（一）信用风险主要受非系统性因素影响，但系统性因素会增强信用风险

通常，信用风险主要受信用主体或交易对手经营管理能力等各类非系统性因素的影响，并且可以通过分散、转移政策或多样化投资来降低风险发生的概率。信用风险作为金融风险的主要种类，影响金融风险的系统性因素，如经济周期、经济危机、宏观经济、政策法规和自然灾害等，同样会加剧信用风险发生的强度和危害性。

（二）信用风险收益与损失分布概率具有不对称性、非正态性

如果市场风险也参与其中，那么市场方面所呈现出的价格不确定性会产生一定的浮动，因此也会为市场风险带来相应的影响，损失和收益会随着浮动上下起伏，因此市场风险在正常情形中会有正态分布，后续依靠股权组合价值的均值与标准差，可测定获得风险的组合价值。而信用风险中出现违约的概率通常小于获

得收益的概率，而且损失和收益发生的数额一般也不相同。所以，信用风险测度的方法和市场风险有所不同。

（三）信用风险的观察数据获取困难

信用风险在合约到期之前很难找到确凿的证据明确风险的发生。而在合约期间，流动性较差，缺乏二级交易市场，较难获得信用状况变化的信息。交易本身就存在信息不对称问题，授信方很难在交易前获得平等的信用风险相关数据信息。而且，信用产品持有或合同交易期限越长，不确定性越大。

（四）信用风险可以测度和控制

信用风险测度方法发展的历史证明，信用风险可以通过大量的历史信用数据，利用统计方法和测度模型，找到影响同类样本的显著相关因素进行识别、测度、控制和防范。借助实践中常用的信用评级、信用缓释工具等手段可以将风险控制在一定的范围，平衡预期收益。

（五）信用风险的发生具有突发性和累积性

信用风险的发生通常具有一定的累积性，各类原因不断叠加会引发质变，因此风险的累积突然爆发后，企业也会由于无法承担各项风险而产生破产等情况，而风险发生后也会波及与之相关的各个行业或机构，使信用风险呈现出扩散趋势。

（六）信用风险受市场预期影响

信用产生于交易双方对彼此履约能力和履约行为的预期判断。当预期变得不确定或发生改变时，就会产生信用风险。从整个市场角度来看，当整个市场对某类交易有良好预期时，信用风险发生的概率相对小于市场预期恶化时信用风险发生的概率。从这点来看，如果市场整体预期恶化，信用风险很难通过原有分散化、多样化等资产组合管理方法进行信用风险管理，这也是经常被观察到的信用悖论。

三、信用风险影响因素

分析信用风险的影响因素，需要从信用风险最初产生的原因来看：

（一）成因

从经济学理论角度来看，信用风险在市场经济条件下、在社会发展过程中皆有明确的分工，且展现出多样化的交易过程，不同经济主体间会有相应的合作且以契约合同的方式，在产权制度存在缺陷时，违约发生后给双方带来风险，这就产生了信用风险。所以，从理论上来看，信用风险产生的条件是：市场分工和商品经济交易、制度不完善、作为交易主体的经济人具有追求个人利益最大化、天性趋利避害、有限理性和机会主义倾向及交易的信息不对称。信息不对称导致经济人在商品交易时的机会主义行为，包括交易之前所产生的逆向选择及交易之后的道德风险，这些都构成了信用风险形成的原因。

而在现代经济制度环境下，信用风险的形成与宏观经济的具体状况有关，同时也与风险发生的主体有关。在宏观经济下存在不可分散的影响因素，其作为系统性因素予以表现，如经济周期、行业生命周期等。政策法规、利率、汇率等因素也属于宏观经济环境的一部分。从微观角度来看，企业经营管理水平不同也会导致信用风险，包括主观决策及获取信息的不充分性等。

（二）影响因素

通过以上对信用风险形成原因的分析，可以看出，信用风险的影响因素主要包括以下两个方面：

1. 信用风险的形成受宏观环境的系统性或非系统性因素影响

信用风险的形成受宏观环境系统性因素影响，包括总体经济周期、各种经济因素等。在经济运行周期影响方面，宏观经济状况良好的企业可在此时获得较高的利润，信用风险也会相对偏低，如果宏观经济处于下降期，在此时会由于市场的大变动给企业的盈利过程带来影响，生产能力相对过剩，企业盈利恶化，拖欠债务的可能性增加，信用风险也因此加大。同时，信用风险也有行业因素所产生的巨大影响。各行业在经济中的经济地位不同，行业自身生命周期、竞争格局也各不相同，每个行业对宏观经济因素的敏感程度也不相同。

此外，信用风险的形成还受宏观环境中非系统性因素的影响。在现代经济社会中，宏观环境因素包括政府监管政策、汇率、利率等直接影响企业经营环境的因素，也包括企业经营过程中行业及上下游的经济状况。汇率、利率直接影响市场中资金价格，间接影响企业决策；政府监管政策松紧程度和倾向也影响整个行业的经营环境，行业里企业是否存在无序竞争和其他短期行为也间接影响企业间债务市场及信贷市场。

2. 信用风险的形成受微观经济主体因素的影响

微观经济主体包括交易合约签订的相关企业和个人。信用风险的形成受微观经济主体的履约能力或履约意愿的影响。履约能力即微观主体，在特殊期限内完成合同履行的经济条件，和经济状况有非常紧密的联系。影响履约能力的主要因素包括：企业财务状况和结构方面，净资产低、负债高、抵御风险能力弱；企业经营能力方面，市场判断失误、盈利能力恶化、资金循环不畅或资金链断裂。影响个人履约能力的主要因素包括个人资产和收入下降等方面因素。履约意愿指微观经济主体在特定期限内履行合同的主观意愿，与其经营理念、道德品质等有着直接关系。影响企业或个人履约意愿的核心因素为：企业或个人财务状况大幅度恶化，骤然产生了被动恶意，又或是订立协议的过程中所出现的主观欺诈等。此类因为道德品质、履约心理等风险问题，难以通过数学方案加以预判，唯有结合之前的信用记录与经验开展判断。履约能力和意愿也会有互相影响与作用机制。

第二节　互联网金融的产生、发展与业务模式

互联网金融发展至今时间不长，金融功能和互联网技术不断融合演变。对互联网金融的了解离不开对其产生、发展过程及每个阶段不同业务模式的理解。

一、互联网金融的产生

互联网金融的产生源于互联网技术的推动、网民数量急剧增长拉动网上需求，以及缓解金融结构矛盾的制度创新需求。互联网金融在产生之初便带有互联网技术及金融功能所赋予的特质和属性。

（一）互联网技术的推动

理解中国的互联网金融，需深度认知互联网的发展潮流。回溯互联网行业在时间、空间方面的发展，有助于领悟互联网技术与金融领域的创新结合。

20 世纪，互联网技术开始展现其主要的作用，20 世纪 70 年代，ARPA 网络的出现，展现出互联网正式开始使用的苗头。而此时互联网的功能优势主要体现在通信方面，即使受到严重损伤也依然传输信号。1974 年，TCP/IP 协议正式出现，网络开始呈现具体作用，实现网络共享。1981 年后，电子邮件服务开始出现。1982 年，ARPA 网络确认了实际系统为 Internet。1986 年，NSF 开启了对计算机的系统化研究，其主要针对计算机在使用过程中的各类连接问题进行探究，形成 NSF 网，同时在网络搭建的过程中允许大学及官方各类机构的加入。NSF 网的正

式使用也作为主干网络呈现出其必要的作用（阮素梅和周泽林，2018）。互联网检索应用、连接互联网的接口被研发出来。1989 年，互联网普及出现关键的一步，Berners Lee 在欧洲核研究组织工作时构建了万维网（World Wide Web，WWW），初衷是为全世界的科学家提供一个自动化信息共享平台。HTTP 及 URL 技术实现了各个页面之间的互相联系，形成全球信息连接网。万维网遵循传输协议，以超文本的形式整合各类信息，通过计算机媒介实现信息共享、信息检索及信息在网络服务器间的传输（包括带图片、音频或视频的信息）。互联网资源的基础构建完成，互联网逐渐开始带有其他重要功能。NSF 网在 1995 年宣告停运，由三家私人企业接手，网络技术开始被应用到商业领域，互联网正式向商业化的方向发展。

我国互联网的发展由五个时期组成：① 1986~1993 年，电子邮件开始使用，可通过电子邮件的互相发送实现网络信息的传播。② 1994~1995 年，我国开启了互联网的运用。③ 1996~1997 年，我国进入商业互联网服务的开发时期。虽然这段时间较为短暂，但发展非常快速。④ 1998~2005 年，互联网的发展更加平稳，并且针对互联网所呈现的各类信息，有相关机构和部门也予以相应的维护，如各类网址体系的搭建和管理等。我国大部分企业在开展和推行业务时，都可以感受到互联网带来的便利，积极使用互联网开展各类生产经营活动及管控公司内部各项问题。⑤ 2006 年至今，进入"互联网 + 各个行业、各类线下具体场景"的发展阶段。电子商务得到迅猛发展，金融功能随之有了上网的需求，并逐步发展为网络基础功能。线上与线下深度融合映射，各类信息资源优化整合。互联网将更加深刻地对社会产生影响，而这种影响也是前所未有的。

（二）网民增长迅速，拉动需求

以经济学理论的角度来探究互联网金融在发展过程中的具体缘由，不难看出，在当前社会发展过程中，需要互联网作为媒介来推动各个市场之间的联系，而这种需求来自飞速增长的网民，网民的线上生活、网上消费的大众生活模式对金融体系成长提供了重要支持。

网民的飞速增长源于互联网普及率的提高。早期美国在全球电子商务市场的发展过程中具有领头作用，且发展状态较为迅猛，普及率较高。随着互联网迅速扩张，各国互联网普及率也逐步提升。从表 2-1 可以看出，我国互联网普及率在 2011 年为 38.3%，网民数量为 5.131 亿人，随着对互联网使用的快速增长，网民数量基本每 2~3 年就发生一个量级的增长，到 2021 年，互联网普及率已经发展到 71.6%，网民数量为 10.11 亿人，全国 2/3 的人口都成为互联网网民。同时，由于国家大力推动电信业转型，移动网络飞速发展，手机网民增长的速度更为惊人，由 2011 年的 3.55 亿人发展到 2021 年的 10.07 亿人，手机网民与整体网民数占比已达到 99.6%，互联网已通过手机实现全国普及。

表 2-1 我国网民数、互联网普及率、手机网民数等统计数据

项目 \ 年份	2011	2012	2013	2014	2015	2016	2017	2018	2019	2020	2021
网民数（亿人）	5.131	5.64	6.175	6.487	6.882	7.312	7.719	8.29	8.54	9.89	10.11
互联网普及率（%）	38.3	42.1	45.8	47.9	50.3	53.2	55.8	59.6	61.2	70.4	71.6
手机网民数（亿人）	3.55	4.20	5	5.57	6.19	6.95	7.53	8.17	8.47	9.86	10.07
手机网民占整体网民数（%）	69.3	74.5	81	85.8	90.1	95.1	97.5	98.6	99.1	99.6	99.6

资料来源：根据《中国互联网金融年报》（2015~2020）数据整理所得。

随着互联网用户群一直保持较快的增速，电子商务、社交网络等商务、生活应用的快速发展，越来越多的资金流和信息流通过互联网来完成，以网络购物、网络支付为代表的个人商务交易沉淀了具有网络金融消费习惯的庞大活跃用户群体。此外，互联网已基本渗透到全国所有城市和大多数农村地区，成为人们生产生活中不可分割的一部分。网络用户行为习惯的转变导致了相关需求的变化，网民群体对普惠金融的诉求不断发展，网络交易需求、小额融资需求、小额理财需求等一些传统金融体系中没有得到满足的中低端、偏低端投融资需求日益提高并网络化。这些个性化、碎片化的金融需求在互联网中"聚沙成塔"，汇集成规模庞大的潜在金融需求，成为互联网金融产生和发展的强大内在拉动力。

网民成为不可忽视的社会构成。有别于传统金融客户，网民具有"共享""开放""平等"的互联网精神。互联网建立的初衷是"共享"各种资源，诸多的资源都可以通过各种各样的方式被人们分享到网上，分享的成本很低，这也使商业模式开始发生转变，为获取最大化的利润，成本不断地被压缩，同时实现各类信息的共享。"开放"是互联网的精神内核。互联网的这种开放精神，不仅能够为广大网络民众带来思维方面的开拓，也可实现各类网络方面的优化，例如，各类交流方式的改变促使各种新形式的交流方式得以呈现。某些匿名交流也可满足个人内心的需求，民众在同一个空间内可实现对某件事情的想法分享，各个民众共同在网络的大空间内不考虑身份、地位，及文化等级方面的差距，可输出自身的想法和看法，同时也可讨论各个话题。因此每个人在网络上都可以在文化交流探讨过程中满足自身需求，

同时能够发表意见，获得其他人的赞赏与体验相似的价值观。每个人既是信息的传播者，又是信息的获取者，所有网民均为互联网的基本"神经元"。

所以互联网使用的快速增长，带来了量级增加的网民数量，促进了电子商务的发展，从而也产生了线上的金融需求。而互联网"共享""开放""平等"也赋予了网民完全有别于传统金融客户的互联网精神属性，以及交流和交易的方式。由此看来，互联网金融在产生之初便带有互联网技术赋予的特质和属性。

（三）金融制度创新的需要

互联网金融在中国的发展，带着调整传统金融结构、缓解原有金融制度矛盾及金融创新的历史使命。回顾新中国成立 70 多年来的实践过程，可以清晰地看到金融改革推进金融制度创新，从而推动经济发展这一底层逻辑。互联网金融的出现也符合这个底层逻辑。下面通过四个阶段梳理中国金融改革推进金融制度演进的历史轨迹，分析互联网金融的出现也是中国金融制度创新的需要。中国金融制度的演进主要经历了以下阶段（唐松，2019）：

（1）第一阶段（1949~1978 年）。当时中国政府面临着相对封闭、百废待兴的国民经济。为了修复濒临崩溃的经济系统，中央政府采取的金融整改措施包括建立统一的货币制度及以中国人民银行为核心的金融体系。这是为了建立一整套"高度集中"的金融管理模式，有效整合全国范围内的金融资源，遏制金融乱象。这个阶段建立的金融制度为国家经济建设打下良好的基础。

（2）第二阶段（1979~1991 年）。这个阶段中国政府面临着把工作重心转移到现代化建设上来的任务。中国金融体制跟随着经济的发展状况，在"行政计划"和"市场配置"路径下摸索前行。金融体制进行了一系列改革：分离银行系统与财政系统；推行"拨改贷"政策实现财政金融向货币金融转变；恢复国债发行制度筹措经济建设资金；探索并设立资本市场，开始金融"脱媒"；打开金融市场对外开放的窗口。这一系列金融改革让中国彻底由计划经济向市场经济转变，并初步形成了较为健全的金融体制和金融结构。

（3）第三阶段（1992~2001 年）。这个阶段延续前期的金融改革并进行大规模、全面性的革新，建立市场化导向的金融体制，使其适应中国经济的快速发展。这个阶段的金融革新包括以下六个方面：①确立并强化金融的法律地位；②实现商业性和政策性对金融功能的分离；③原有四大国有银行开始将金融服务商业化；④按照商业银行运行模式开始全面改革；⑤确立货币政策地位并进行市场化改革；⑥建立专业化的金融监管部门并实行分业监管，形成银行业、证券业、保险业分业监管的新金融体制模式。这个新金融体制适应并加快了中国经济的发展。

（4）第四阶段（2002~2011年）。这个阶段是金融体制多元化发展、优化的过程。具体金融改革措施包括：国有银行机构进行股份制改造；构建多层次资本市场；资本市场股份制改革，打通"非流通股—流通股"的转换渠道，重新激活资本市场在金融配置和风险管理上的作用；改革创新货币政策调控手段为利率市场化改革提供便利；加大金融对外开放的改革力度。通过以上金融改革措施，中国的金融体制逐渐得到优化，并开始形成完整的金融监管格局。这个阶段的金融体制及其优化调整已成为政府引导金融资源，实现社会主义现代化和强国战略的重要手段。

目前，虽然经过以上四个阶段的金融体制改革，确立了多元化金融机构及多层次的资本市场。但是，这类机构和部门大多具有银行特征，对金融生态的认识较为单一，后续的金融创新，通过深度的金融开放倒逼自身金融体制改革，由"市场性金融"逐步向更高位阶的"创新性金融"转变（谭中明等，2018）。金融改革重点除了扩张金融规模，还包括增添金融新业态，通过各种途径和方法在政府与市场之间重新配置资源，降低信息不对称程度，提升配置效率，为市场有效性注入新鲜血液。在信息技术科技的驱动下，为适应新金融业态改革的浪潮，互联网金融出现了不同的模式来丰富金融生态。

综上所述，互联网金融的产生源于互联网技术的出现和发展，网上商业模式的发展使大量网民产生线上金融需求，同时，传统金融体制存在弊端，金融结构急需调整以缓解多种矛盾。互联网金融在发展过程中容易存在各类发展阻碍，如服务方面存在弊端、传统金融在发展过程中低效，因此研究实现互联网技术的全新使用以及在制度方面拥有较高的可行性和价值，来实现金融服务的优化，也可使金融服务在推广推进过程中更能实现公平可行性，减少边际成本的存在，同时也可实现对传统金融服务的优化。

二、互联网金融的发展

从真正意义上来讲，互联网金融自诞生起至今，其发展历史不到30年，从整个行业来看，国内外发展方向和侧重略有不同。

（一）国外互联网金融的发展

在国外，互联网金融的诞生时间为20世纪90年代。标志性的事件即1995年建立的首个网络银行。网商银行在发展过程中颇具特色，需求的成本极低且各类业务在开展过程中更容易实现全球化。因此，某些发达国家在此方面尤为注意，已经开启了网上银行发展规划，同时对其相应的各类业务进行了规章条例的约束，例如，证券公司可借助互联网带来的推动力，建立投资银行出售网络股票。1995 年，西斯敏银行正式推出 MODEEX 系统。20 世纪 90 年代，证券经济网络化服务过程中展现了其独特的优势，例如，成本投入较低，并且随着互联网的发展此种优势被不断放大。1992 年，网上交易服务过程出现。1997 年，美国建设网络证券经纪行。2000 年，全美已有 160 家经纪商上线配套的交易业务。美国从 20 世纪 90 年代中期开始发展互联网保险，1997 年，绝大多数保险公司都有专用的网站。1999 年，互联网保险公司在美国成立，并且在该时段的发展过程中，发达国家在保险销售方面已成功运用互联网技术实现业务的发展。2000 年，西班牙等国家构建专业的网络金融公司，服务覆盖全球。

国外互联网高速发展，综合欧美国家相对完善、相对成熟的金融系统，随之诞生了大规模的金融公司。大多数互联网金融企业仍然采用传统的金融组织架构，更多的时候是服务于传统金融业务，可提供互联网、电商等多个方面的创新支持。同时，各类非金融机构开始发展互联网金融业务，例如，多数诞生于平台并依靠 IT 运行的公司。其业务模式较为广泛，主要包含网络银行、网络证券、网络支付和网络结算等方面。袁新峰（2014）认为，美国互联网金融之所以发展速度较快，是由以下两个原因促成的：①美国对于金融行业的研究起步较早，促进了金融行业的不断发展成熟，而且针对金融行业发展的政策较为宽松，促进了美国金融行业的混业经营，实现了其佣金市场的自由化发展，同时也激发了其证券经营业务的发展，使证券经营业务竞争不断加剧。随后，美国于 1999 年正式实行《金融服务现代化法》，区分了银行、证券、保险和提供金融服务的其他金融机构。②美国这些措施都促进了企业金融市场的不断发展，推动了有限的金融创新，加剧了金融市场的竞争。同时，美国的高新科技领域较为发达，在行业发展中作为佼佼者，其中互联网技术发展水平最高，表现较为突出。

现在，互联网技术的不断应用和普及，促进了其在金融领域的应用与发展，为金融行业的发展提供了巨大的动力，并且互联网在金融领域中的应用价值已经被发达国家普遍接受。在企业发展过程中，特别是发展初期，需要和其他企业进行产品及信息的分享和互换，这都需要依靠互联网这个平台来实现。同时，互联网金融服务已经广泛地应用到企业中，其服务的跨度覆盖范围较广，几乎涉及所有传统金融服务，而且一些领域产生了全球 500 强跨国公司。

（二）国内互联网金融的发展

在国内，互联网技术应用于金融服务相对晚些，但发展的速度却非常快，而且监管套利与金融创新始终伴随着互联网金融的整个发展过程，回顾梳理后，发现主要经历以下前后紧密联系的五个发展阶段：

（1）第一阶段为萌芽时期（1995~2005年）。网上银行和网上证券的诞生标志着互联网和金融的深度结合与发展，在金融机构发展过程中可以充分发挥互联网技术的优势为企业提供技术支持，推动银行网上业务的不断开展，从而提供一个高质量、便捷化的服务。可以说，在这个发展过程中，互联网开始逐渐在金融领域不断地渗透，但是却没有真正实现具有独立意义的互联网金融，所以说该阶段是互联网金融的萌芽时期。在这个阶段，招商银行充分认识到了互联网对自身发展的重要性，率先成立了一家网上银行；中国证券网上交易开始；最早的第三方支付企业和平台成立；中国人寿保险公司的电子商务平台上线。

（2）第二阶段为起步时期（2006~2012年）。主要是延续上个阶段银行互联网化的探索，以及伴随电商平台的快速发展、网络支付与融资模式的发展。中国银联上线专业网络支付，而且相关金融系统也融合到互联网中，在此之后，资金产生了新网络流动，互联网金融开始渗透到人们的日常生活中，被人们所熟知。从网络融资业务模式发展来分析，国内第一家P2P信贷"宜信"上线，后续纯信用平台"拍拍贷"等平台陆续上线，P2P借贷蓬勃发展。在支付模式方面，首家网上基金销售支付服务公司成立，支付宝首推快捷支付服务，"第三方支付牌照"开始颁发，该业务模式进入规范化发展轨道。在其他模式方面，"手机银行"、余额理财模式、众筹平台以及全球首个虚拟财产险出现。

（3）第三阶段为探索发展时期（2013~2015年）。2013年互联网较为迅速的发展，带动智能手机的诞生和普及，移动互联网发展不断成熟，以手机为支付终端的方式逐渐兴起。传统金融、互联网企业加快发展多种金融业态，各大业务全方位"触网"，同时发展到更为细化、更为专业的状态，互联网公司积极开展金融创新活动，P2P网贷、众筹等多个类别的模式实现了较为快速的成长，金融科技的成长和实体经济产生了深层次的整合，带动消费、供应链金融等模式综合网络金融，进而实现更加快速的发展。中国成为全球最大的互联网金融市场。2014年，在政府工作报告中，确认未来健康发展的各项内容，第一次基于国家层面认可了互联网金融发展，中国互联网金融的发展驶入"快车道"。但是，P2P平台发展最早，风险最大，一系列恶性事情频发，引起监管当局重视，这一年也被称为"互联网金融监管元年"，其一，行业发展得到了管理者认同，进一步步入顶层设计；其二，监管关联规范为行业未来健康发展指明了前进的方向。

（4）第四阶段为规范发展时期（2016~2018年）。该时期金融模式的创新、加速小微企业的成长，为尾客户提供便捷的金融服务都具有难以取代的积极功能。但是信用风险不断积累，监管层对此高度关注，于2016年4月颁布了《互联网金融风险专项整治工作实施方案》以及各类措施，确认 1 年期的专项整治工作，行业步入到新的监管革新时期。在平台"爆雷潮"后监管趋严，但随着 P2P 落实"三降"、良性退出、风险出清后，供应链金融和消费金融以场景金融的方式结合大数据发展迅速。2018 年进入金融科技元年，人工智能、大数据、云计算、移动互联网、物联网等金融科技应用试点逐步展开工作。2018 年下半年，互联网金融行业开始采取牌照准入，头部科技企业依靠新设立以及并购等方案，得到多个类别的金融牌照，依靠其具备较为强悍的客户群、渠道与技术等优势逐渐发展壮大，成为金融控股公司，经营着不同业务的互联网平台。

（5）第五阶段为稳定发展时期（2019 年至今）。这阶段网民普及率已超过60%,且手机网民和互联网网民在数量上持平，移动互联网人口红利已接近尽头。2019 年，央行发布了金融科技三年规划，银行加速应用金融科技，央行数字货币推广进程提速，"中国版监管沙箱"开始建立；头部互联网机构持牌布局金融领域并在海外扩张；而已有牌照的金融机构与业务上有冲突的机构合作设立科技子公司，借力流量迅速扩张；网络贷款平台根据监管要求转型助学贷款或被迫退出该行业；监管机构逐步建立长效监管机制以防范化解金融风险。2020 年以来，互联网金融进入存量时代；行业竞争格局由"头部集中"走向"生态分散"；贷款运营模式进入"低利率精细化运营"阶段；场景金融出现"B 端经营风险"；中小金融机构开始"自建渠道"的发展模式。进入 2021 年，普惠金融的发展重点由"普"变化为"惠"；监管主体由"小机构"转变为"大平台"；监管方式为"央地协调监管"；行业准入门槛提高，如坚决杜绝非持牌经营、严格限制区域性牌照营业范围、提高产品创新的要求、严格监管低门槛牌照的经营；让金融和科技回归本源。进入 2022 年后，中国人民银行印发了《金融科技发展规划（2022–2025 年）》，金融科技正在成为驱动金融变革的重要引擎。在 2023 年 10 月召开的中央金融工作会议提出"坚定不移走中国特色金融发展之路""做好科技金融、绿色金融、普惠金融、养老金融、数字金融五篇大文章"。此后，互联网技术与金融功能的结合真正落实到产业层面，通过科技、产业、金融三者的良性循环，促进科技金融的生态建设。

三、互联网金融的业务模式

互联网金融业务模式是传统金融业务结合互联网技术开始发展的。"是否触网"是区别传统金融与互联网金融之间的核心标志。其在中国的发展也有着阶段性特征,伴随该技术和金融功能的融合程度不同以及受监管当局出台政策的影响,业务模式在每个阶段都有所变化，业务本身不仅具有金融功能的本质属性，还含有互联网基因带来的特性。

按照发起方的不同，互联网金融业务模式大体划分为三类：一是基于传统金融机构发起的互联网金融业务，如手机银行等业务；二是基于互联网企业等非金融机构发起的互联网金融业务，如众筹、第三方交易、P2P网络贷款平台等；三是金融企业与非金融机构合作经营的互联网金融业务，如余额宝等。按照具体业务的不同，互联网金融业务模式分为互联网传统金融延伸模式、互联网移动支付与数字货币模式、互联网金融理财与融资模式以及互联网金融科技模式（陈荣达等，2020）。

（一）互联网传统金融延伸模式

互联网传统金融延伸业务模式是互联网金融发展第一阶段的主要业务模式，也是最早被归入互联网金融定义的业务模式。经营主体主要是传统金融机构以及经过严格审批的市场主体，经营形式是网上业务模式，业务内容包括银行、保险、证券等传统金融业务。由于金融业务本质并未发生改变，只是结合了体现互联网技术优势的渠道、数据和技术为金融投资群体提供更好的服务。根据《2020年互联网金融年报》统计数据，作为这业务模式代表之一的直销银行，数量已经从2014年的20多家发展到2019年的接近120家。互联网保险保费规模增长明显，在2019年占保险行业总保费收入的6.32%、增长20.60%。

（二）互联网移动支付与数字货币模式

互联网移动支付包括金融机构和非金融机构双方在买卖交易过程当中为彼此提供的资金的收付、清算和转移的服务，包括互联网支付和移动支付。目前，互联网移动支付市场业务集中度上升，支付产业也步入到新的产业金融阶段，支付平台为整个交易环节中的资金与信息的关键节点，为客户端提供丰富的支付场景。根据《2020年互联网金融年报》统计数据，2019年我国商业银行总计网络支付规模达到781.85亿笔，涉及的资金规模达到2134.84万亿元；非银行支付则是有7066.06亿笔，关联的业务规模为254.53万亿元[①]。可以看出，互联网支付模式主要是商业银行在经营，占支付市场的主要份额；而移动支付模式在2013年至今为个人终端的主要模式，非银行机构的发展得益于中国强大的电商平台迅猛发展，呈现笔数多，单笔交易额小的特点。

数字货币综合移动支付，也是互联网金融开发金融功能的关键保障。中国央

---

① 中国互联网金融协会.中国互联网金融年报［M］.北京：中国金融出版社，2020：25+37+66.

行结合该时期的发展需求，深度分析数字货币发行以及运行结构等多个方面的问题，2019 年，央行数字货币实现较为快速的发展，资金流向可追溯，已在特定场景先行测试。与数字货币不同的比特币，同样是基于区块链技术的虚拟货币，但由于没有足够的信用支持，无法承担法定货币的职能，业务模式局限性大。

（三）互联网金融理财与融资模式

互联网金融理财与融资模式，指借助互联网中介平台，投资者可依靠购入理财产品，进而提供相应的资金获取收益、借款人等，得到相应的融资模式。该模式在发展初期经营业务无牌照要求，仅需 ICP 许可证，主要业务模式包括在线理财产品、P2P 网络借贷、消费金融、供应链金融、众筹等，终端可以是个人或企业。金融理财与融资等业务，为具备鲜明特色的互联网金融业务模式，初期市场发展迅猛，但随着信用风险累积、出清，目前出现市场萎缩、业务转型普惠。

余额宝是互联网金融的第一款在线理财产品，该理财产品是通过网上运行完成的，改变了传统线下理财业务发展模式，减少了顾客排队等一系列烦琐的程序，具有方便、高效的特点。而且，余额宝这类理财产品操作起来比较简单，可以随时随地进行，满足人们日常理财的需求。同时，余额宝这种理财产品投资门槛低，收益稳定，每个收入阶层的人都可以来采取这种方式来理财，能够满足普通人民的理财需求，实现了对中国普通消费者闲散资金的盘活。P2P 网络借贷作为初期阶段具备较强代表性，但是信用风险最高的融资模式，根据《2020 年互联网金融年报》统计数据，在发展初期 2010 年不足 50 家，到顶峰期 2015 年有 3433 家，2018 年进入风险出清规范发展阶段，无新上线平台，2019 年剩余 184 家，总体综合收益率由最高时的 21.25% 下降到目前的 9%~10%，平均借款期限稳步增长。[①] 消费金融和供应链金融属于"场景金融"，即网络综合线下的业务渠道，综合大数据的金融科技，依托服务实体以及消费者的各类融资模式。众筹以初创企业为相应的发起者，依托众筹平台的方案进行资金募集，投资者在开展小额投资的基础上，如果项目顺利完成，最后能够在发起人处得到相关实物或是股权回报。

（四）互联网金融科技模式

互联网金融科技模式有广义和狭义的区别。广义是指应用科技的金融模式，即金融科技；狭义的互联网金融科技模式是指具体应用到金融功能中的科学技术，这比较符合国家当前监管趋势，金融回归本源，高新科技更好地服务金融功

---

① 中国互联网金融协会.中国互联网金融年报［M］.北京：中国金融出版社，2020：25+37+66.

能，具体包括大数据、云计算等各类新诞生的技术，大数据在金融方面的运用更加的成熟。伴随互联网金融成长到新时期，金融模式所积攒的各类非结构化信息，依靠专业的模型和方法开展实时研究，对多种风险偏好的机构与人员，提供动态个性化的决策建议，如智能投顾、风险控制策略，以及互联网信用服务。

第三节　互联网金融相关理论

互联网金融的出现推动了传统的金融结构和金融功能的变革，优化了金融生态环境，但是也对传统的金融理念发展造成了一定的冲击。因此，金融理念研究要从信息理论和金融理论等多个学科去进行理论研究，不要将理论研究局限在金融或者技术这种单一的方面，从而实现对互联网金融基础理论的进一步探索与完善，构建一个完整的互联网金融理论体系（白钦先等，2014）。本书拟从金融、互联网、信用风险三个角度为互联网金融信用风险进行理论溯源。

一、金融相关理论

互联网金融的出现，是我国金融结构调整、金融功能发展的结果，本部分从金融结构理论、金融功能理论、金融创新理论为互联网金融的研究寻找理论基础。

（一）金融结构理论

金融结构理论是研究金融发展问题最早和最有影响的理论之一。其创立者Raymond W Goldsmith 于 1969 年出版的《金融结构与金融发展》[①]对金融发展的过程及规律进行了描述和分析。金融结构理论把各种金融现象归纳为三个基本方面：金融工具、金融机构和金融结构。金融工具是指对其他经济单位的债权凭证和所有权凭证；金融机构指金融中介机构，即资产与负债主要由金融工具组成的企业；金融结构是指一个国家现存的金融工具和金融机构之和。金融结构理论认为金融发展的实质是金融结构的变化，研究金融发展就是研究金融结构的变化过程和趋势；同时，世界上只存在一条主要的金融发展道路，在这条道路上，金融

---

①　[美]雷蒙德·W. 戈德史密斯（Raymond W Goldsmith）.金融结构与金融发展 [M].浦寿海，译.上海：上海人民出版社，1996.

结构的变化呈现出一定的规律性。这条道路可以用以下变量来描述：全部金融资产中金融机构资产的份额、金融工具之间的关系以及国民生产总值中金融工具的规模、金融机构资产在银行、保险公司等其他机构中的分配（银行体系的地位）等变量。尽管不同国家的起点（起始时间、发展速度）各不相同，但它们很少偏离这条道路，只有战争和通货膨胀例外。

金融结构理论特别强调金融发展对经济发展的促进作用。由于金融工具的出现和金融机构的成立，金融资产的范围扩大了，这导致了储蓄和投资的分离。而这种分离能够提高投资收益以及资本对国民生产总值的比率。同时，金融活动还能通过储蓄与投资这两个分离的渠道，增加经济增长率和克服资金运动中收支不平衡的矛盾。储蓄者和投资者也都能接受金融活动带来的社会分工。此外，金融结构越发达，金融工具和金融机构提供的可选择机会就越多，储蓄者与投资者之间资金供求的资源配置效率就越高。所以，金融结构理论的核心是注重金融工具的供给以及强调金融机制的正常运行。

中国在 1978 年后也更加关注金融改革，在鼓励金融改革发展过程中金融结构也发生了改变。中央政府对民间资本的控制力更强，导致金融结构调整的经济、制度因素被压抑的限制逐渐缓和，但是，现有金融结构中仍然存在诸多矛盾。金融结构失衡的核心现象有三个：一是依靠间接融资占比于融资总额中占主要部分，通过证券市场筹资的直接融资和非银行金融机构发展不足，企业对银行的高负债经营特征，加剧了经济运行的风险；二是中小企业贡献了国民生产总值一半左右，但为其服务的金融机构，如中小商业银行、各级农村信用合作社等在金融结构中占比很小；三是居民的金融工具存在失衡问题，存款比例相对过大缺乏直接投资的渠道。

金融结构理论为中国目前金融结构失衡提供分析和解决问题的思路，比如推进金融制度和金融工具创新、改变单一间接融资金融机构主导的市场结构等。互联网金融作为一种可能的金融创新工具，在金融结构理论的注释下具有一定的理论基础。

（二）金融功能理论

金融功能理论是由默顿和博迪于 1993 年提出的[①]，他也提出了两个假设：第一，金融功能具有较强的稳定性，比金融机构更加稳定；第二，金融功能优于组

---

① Merton R C，Bodie，Zvi. Deposit Insurance Reform: A Functional Approach［C］. Carnegie-Rochester Conference Series on Public Policy, 1993.

织机构。功能金融理论主要的核心思想是：伴随时间推移以及区域的差异，金融功能转变小于金融机构的转变；而且功能的转变对组织机构的发展非常关键，只有不断的发展创新才能推动金融机构功能的完善与发展。功能金融理论的出现来源于传统金融理论无法解释存在的现实：当组织机构缺乏完善的法律规章制度保障，却依靠基础技术来进行快速变革时，虽然对促进传统银行和证券等组织机构变革具有一定的积极影响，但这类金融组织机构的运行效率和稳定性都受到挑战。针对这个现实，默顿和博迪提出功能金融理论，并把金融系统执行的功能划分为六项基本内容：一是为商品、服务和资产交易提供支付清算；二是在时间和空间上实现经济资源配置；三是提供融通资金和股权分割的机制；四是管理不确定性和控制风险；五是实现对价格信息的共享；六是处理信息不对称和委托代理行为中的激励问题。通常认定前述六个功能之中的第一项"支付结算"与第二项"资源配置"是基本功能。

功能金融理论很好地解释了互联网金融的产生与发展，同时也厘清互联网金融的金融本质。由于互联网技术的成熟和发展，通过互联网技术融合金融功能的效率已经超过原来组织机构在行使金融功能方面的效率，而适应原有组织机构的相关法律和规章制度的制定相对滞后，由此出现了互联网金融。其不同的业务模式行使着原有组织机构的金融功能，特别在支付结算、筹资配股、提供时空转移渠道，降低信息不对称等方面效率显著。但具体的金融功能和互联网不同的业务模式之间的适配性还在磨合，所以，从功能金融理论角度来看，互联网金融出现，并且不断演变发展至今，是为了更为高效地行使金融功能。

（三）金融创新理论

1912 年，熊彼特发表了《经济发展理论》一书[①]，在该书中他对"创新"一词进行了明确的界定，认为创新是一种新型的生产函数，主要包括新式产品的诞生等五个方面。该理论应用于金融领域，形成了金融创新理论，主要包括金融创新动因和经济效应两个方面。

金融创新动因研究的深入发展产生了金融创新理论，按照分类的不同可以将其分为三种类型：需求主导型、供给主导型和规避管制型。需求主导型指满足客户对金融服务需求的不断升级是推动金融创新的动力，而且低风险、高收益则是相关产品，在供应进程中产生创新活动。供给主导型，重点构成为交易成本以及

---

① ［美］约瑟夫·熊彼特（J. A. Joseph Alois Schumpeter）.经济发展理论［M］.王永胜，译.北京：立信会计出版社，2017.

技术论的两大维度，而且提出相对偏高的成本会抑制创新，而且相对偏低的交易成本则会助力创新，技术论提出在技术层面的发展为创新的核心驱动。规避管制型需要在规避管制理论和导向限制理论基础之上。其中，规避管制理论认为金融机构在获取经济效益过程中会规避政府的监管，而导向限制理论认为金融机构在创新过程中会受到社会、环境等多方面因素的影响，创新压力较大，所以在创新过程中会采取一些自我保护措施。在金融创新经济效应方面主要分为宏观经济效应和微观经济效应，分别指金融创新对宏观经济变量和微观经济变量的影响。

根据以上理论分析，互联网金融属于金融创新。原有的金融结构体制下，客户具有强烈的低风险、高收益产品需求，金融功能结合了互联网技术，降低交易成本，金融科技的发展进一步推动金融创新。所以相对于传统金融，互联网金融的服务对象、风控与担保体系等方面和传统金融仍然有较大的差别。互联网金融创新体现在具体业务形式的变化上，创新过程有规避政府监管约束力的导向。但是，互联网金融在创新过程中同时也会影响金融体系稳定，增加金融风险爆发的概率，金融风险模式的转变会增加金融监管的难度。

二、互联网相关理论

互联网为互联网金融带来了有别于传统金融的特质，以长尾理论、产业融合理论作为互联网角度的理论基础来解读互联网金融的产生、发展。

（一）长尾理论

2004 年，克里斯·安德森撰写的《长尾理论》中首次论述长尾理论[1]，提出伴随科学技术的持续成长，商品之间的交易越来越频繁，而且成本较低，如果消费者个性化需求在不断的增加，那么能够满足之前消费者个性化需求极为小众或者冷门市场等产生集中变化，这也会形成和需求量相对较高的产品匹敌的大市场。所以长尾理论是建立在产品大量的存储空间和销售途径基础之上的，当市场格局发生变化时，原先需求规模相对偏小，相对零散、微小以及个性化的需求，最后会转化为极为庞大的长尾市场，与传统的大客户、大市场相抗衡。所以在技术条件、客户需求等创新条件满足后，长尾市场的实现便成为可能，传统市场的格局也将发生变化。而这与销售策略"二八定律"有着本质区别。"二八定律"更加注重发展大客户和大市场，并且他认为重点客户是为企业提供主要利润的群体，企业

---

[1] ［美］克里斯·安德森（Chris Anderson）.长尾理论［M］.乔江涛，译.北京：中信出版社,2006.

80% 的利润都来自于 20% 的重点客户，而企业 20% 的经济效益是由剩下的 80% 的零散客户所提供的，因此长尾客户的市场地位很低，需求常被忽视。而当技术条件具备、小市场的个性需求上升，长尾理论便能解释市场格局出现的变化，因为技术条件的允许，市场重视每一个新增小需求，小市场也就汇集成能和大市场相抗衡的另一方。

长尾理论很好地解释了互联网金融的出现与发展。当互联网信息技术未能运用到金融体系，金融机构的资源和能力只能把金融服务重心放在 20% 的高端客户群，而忽视长尾客户个性化的需求。当互联网技术和金融功能融合发展后，互联网金融平台在新增客户无限大后边际成本可以几乎为 0，而且借助互联网技术可以打破时空限制进行金融资源的重新配置，长尾客户需求以低成本便捷方式得到满足，传统金融市场格局便被打破，长尾市场便成为能和原有主流市场抗衡的重要部分。

（二）产业融合理论

1963 年美国的 Rosenberg 最早在学术界开始产业融合的研究，十年后，学术界对新技术革命带来产业边界的模糊和消解问题越来越感兴趣，产业融合理论逐渐走入人们的视野。互联网的发展让研究更加深入。欧洲委员会（1997）发布的"绿皮书"中，产业融合是指产品（或服务市场）、技术支撑平台和产业组织三个维度的融合[①]。美国学者尤弗亚（Yoffie，1997）认为，产业融合是"数字技术对原有产品和服务的重塑和整合"。美国学者格林斯腾和汉纳（Greenstein & khanna，1997）从产业组织的角度指出，技术融合是产业融合的基础，也就是产业融合发生的前提条件，新技术将带来原有产业边界的消解，产业融合是建立在互联网技术、通信技术（和数字技术）和信息处理技术的迅猛发展基础上。Lei（2000）指出，如果产业之间具有共同的技术基础，那么能够很快地发生技术性的融合。Gillwald（2003）指出，自由主义的经济倾向、日新月异的技术变革、全球化的数字通信网络、管制的削弱等是融合的具体驱动因素。Thomas（2002）则认为，成本和维护费用的降低、管理和供应方式的简单化倾向、供应速度的加快、用户生活的便捷化倾向等共同构成了产业融合的具体驱动因素。虽然以上研究角度各有侧重，但都表明互联网新技术驱动产业融合，互联网金融正是产业融合的必然产物。

---

① European Commission.Green Paper on the Convergence of the Telecommunications［Z］. Media and Information Technology，1997.

互联网金融正是产业融合趋势在金融业的体现。用产业融合理论来解释，由于互联网、移动通信技术和信息处理技术的发展，金融数字化流动成为可能，资金在互联网上跨越时空进行资源配置成为趋势。最早便体现在电子商务出现了金融支付功能，随后支付，借贷、理财等传统金融功能借助电子商务的发展在互联网上实现，保险、证券、众筹等传统金融业务借助客户移动终端的普及以及数字技术的发展，实现混业，因此，互联网金融生态圈，平台经济的混业经营便是产业融合理论在金融业发展的最佳注解。

三、信用风险相关理论

信用风险是金融风险的重要种类，信用风险的形成分析由来已久，在理论基础上离不开金融脆弱性理论、信息不对称理论以及行为人有限理性三个角度，本书从这三个角度为互联网金融信用风险的形成寻找理论基础。

（一）金融脆弱性理论

该理论希望介绍金融风险的关联因素，进而研究稳定金融市场。根据该理论的观点，金融体系自身有显著的脆弱性，这也为导致该风险的核心原因。Hyman（1978）围绕脆弱性的各项问题开展深度分析，也是率先论述系统性的研究者，他在《金融不稳定假说》一书中明确指出：金融系统是影响银行系统波动的关键要素，在金融市场为非稳定的情况下，则银行系统会产生显著波动，这也是导致脆弱性的核心问题。例如，现代市场中的现金流未能采取抵押还债处理，也会随之产生信贷危机和风险，当风险分散到整个系统中之后，就会引发金融危机。基于银行视角来分析，其脆弱性究其本质为信贷类资金的借贷以及回收等出现的偏差问题。该理论进一步扩展为基于银行视角围绕各类问题开展深度分析：银行对于信用级别开展判断，通常借助之前的信用历史记录开展判定，欠缺关于预期问题考虑，如果经济处于一个上升趋势，那么银行的这种行为对自身发展具有一定的好处；当经济下行而产生后续预判较差的违约问题，最后出现危机问题，这种引发潜在金融危机的可能性被称作金融脆弱。金融市场中表现出的脆弱性不仅源于借款人的违约，银行的挤兑、资产价格呈现出的波动也将带来金融脆弱。我国学者黄金老（2001）从企业、银行等视角围绕金融脆弱性理论的观点进行了总结。由此可见，信息不对称也是金融脆弱性的一个标志，这正是发生信用风险的根本原因，所以，金融脆弱性也适合作为分析金融风险种类之一——信用风险形成的理论基础。

互联网金融为技术、金融之间的融合，其业务模式中不仅隐藏以往传统金融业务的风险，也会面临新的不确定风险的出现，所以说金融系统的脆弱性受互联网金融的影响较大，并且会日积月累持续增加。所以，金融脆弱性理论认为的风险发生的理论基础对于互联网金融而言同样适用。

（二）信息不对称理论

信息不对称理论认为，不同参与者在市场经济活动中对相关信息的掌握存在差异，掌握充分信息的参与者将处于经济活动的有利地位，未能充分掌握信息的参与者将处于不利地位。市场经济下的分工与专业化，一方面提高了生产效率，另一方面导致了不同交易主体所掌握的信息不对称。20 世纪 70 年代，George A. Akerlof、Michael Spence 和 Joseph Stiglitz 三位经济学家从不同角度对此进行研究，研究结论构成了信息不对称理论，2001 年他们因此获诺贝尔经济学奖。

Akerlof（1970）指出，在市场交易过程中，双方掌握的信息肯定是不对等的，肯定有一方会掌握较多的信息，另一方掌握较少的信息，其中一方无法获得完整的信息数据时，其交易积极性就会降低，影响市场的稳定发展。Michael Spence（1973）认为，市场交易主体掌握的信息具有一定的差异，肯定有掌握优势信息的一方，也有掌握不充分交易信息的一方，具有优势信息的一方很有可能会让弱势的一方做出对自己不利的决策，所以在市场经济中便出现逆向选择和道德风险。Joseph Stiglitz（1976）利用信息不对称理论对保险市场中的信息不对称情况进行了分析，他提出保险企业未能系统认知车主在购入车险之后的使用、保养信息，这也是信息不对称的表现，会提升企业的理赔率。信息不对称，通常认定行为人在交易过程中会有信息传递所构成的影响，由此带来的不确定性也是信用风险发生的原因。在交易发生以前，信息不对称导致的信用风险表现为逆向选择，而交易发生后，则表现为道德风险。

互联网金融是互联网技术与金融业务的融合，同样存在信息不对称。其中存在多种业务模式，交易双方通过互联网平台进行交易，交易内容不尽相同，信息不对称的形式和传统金融有所不同，不仅存在于交易双方之间，而且存在于各交易方与平台之间。此外，由于互联网上的信息传播方式也与传统交易相去甚远，市场信息不对称导致的道德风险和逆向选择问题更为严重。

从信息不对称理论角度解读 P2P 业务模式的信用危机。作为互联网金融发展初期最具金融创新精神的业务模式,中期爆发信用危机,风险出清,目前转型普惠。在借款决策前，P2P 网络借贷平台、借款人，以及出借人之间的信息是不对称的，所以会出现逆向选择。因为信息不对称等相关问题，P2P 借贷和出借人之间未能实质认知真实信用信息。基于逆向选择的视角来分析，P2P 平台会增加成本，通过线下调查审核等流程平衡信息不对称，会促进交易成本的增加，但该成本会基于利率的模式由借款人来承担，进而让 P2P 借款人的违约率大幅度提升，信用风险产生的可能性显著偏高。在借款人决策的基础上，P2P 平台、借款人与各类不对称问题，核心为相关道德风险。尽管借款合同确认了双方彼此的契约关系，规定了双方的责任和义务、资金用途、利率、还款金额时间等细则，但是由于存在信息不对称，借款人真实的资金用途很难真正被跟踪，尤其互联网的虚拟和普惠特质，借款人的真实性和真实意愿很难察觉。同时，由于互联网金融发展时间很短，监管未及时跟进，平台的立场、资质和责任存在很大的监管套利空间，由此导致利率高、风险高的经营模式累积了风险，引发 P2P 业务模式的信用危机，监管当局进行风险出清，转型普惠，该业务模式的经营受到很大影响。

（三）行为人的有限理性

行为人的有限理性是 Simon 提出来的[①]，该理论指现实中行为人的决策行为会受到时间、信息、技术等外部环境因素的限制，同时也受到行为人自身条件或理性程度的限制，所以在决策时需要遵循"满意"的原则。同时，新古典经济学认为行为人是完全理性的，Simon 在批判该理论观点的基础上提出行为人的有限理性。而且，新古典经济学家认为，行为人是理性的，可以借助边际的数理分析获得自身利益的最有效的决策方案。在此之前，Arrow 在分析之中，围绕有限理性的定义开展综合分析，提出人所进行的活动为有意识理性，同时也存在显著的限制，也就是人的认知能力相对较差，同时对于决策的不确定性因素要求深度思考与研究，耗费相应的认知成本。Simon 的"有限理性"和"满意决策"思想更具有合理性，更符合现实中行为人的决策行为，在分析现实的经济问题中得到了广泛的应用，行为人有限理性的提出打破新古典经济学的相关研究案例，类似于完全理性，市场均衡等。市场信息是不完全、不对称的，同时人的计算能力和认知能力越有限，不确定性就越大，形成了信用风险。

在互联网金融市场中，和传统市场相比，交易双方是通过互联网平台交流信息，实现交易的。信息传播、获取和计算都和传统市场完全不同，速度更快，信息量更大，杂质信息更多，信息鉴伪成本更高，同时交易双方受信息认知的影响，总是存在有限理性。互联网金融在交易过程中往往需要借助互联网平台为媒介，但是在承担风险方面未作明确规定，在提升交易双方有限理性行为的能力方面也

---

① ［美］赫伯特·西蒙（Herbert Simon）. 管理行为［M］. 詹正茂，译. 北京：机械工业出版社，2020.

有待发展，所以行为人的有限理性也是互联网金融信用风险形成的理论基础。

本章小结

本章首先从信用风险内涵、特点、影响因素角度进行概念梳理。其次，对互联网金融的产生、发展与业务模式进行回顾，发现互联网金融的产生源于互联网技术的推动、网民数量急剧增长拉动网上需求，以及缓解金融结构矛盾的制度创新需求；国内外发展侧重点有所不同；按照具体业务的不同，互联网金融业务模式分有四类：传统延伸、移动支付、互联网金融与金融科技。最后，由于互联网金融的发展引起了金融结构、金融功能等方面的巨大变化，本书从互联网、金融、信用风险三个方面对互联网金融进行理论基础的溯源，为互联网金融信用风险测度研究构建理论基础。

在金融理论溯源方面，金融结构理论的研究成果为互联网金融作为可能的金融创新工具，调节目前中国的金融结构失衡，促进金融发展和经济发展提供一定的理论依据。在功能金融理论视角方面，由于互联网技术的成熟和发展，通过互联网技术融合金融功能进行资源配置的效率已经超过原来组织机构在行使金融功能方面的效率，因此互联网金融出现并以不同的业务模式行使原有组织机构的金融功能，所以互联网金融具有金融功能的本质属性。从金融创新角度上来看，互联网技术为实现金融功能的完善与创新提供了技术支撑，降低交易成本，推动了一系列金融创新，但是，也降低了金融体系的稳定性，引发金融风险，加大了金融监管的难度。

在互联网理论溯源方面，长尾理论很好地解释了互联网技术与金融功能融合发展后，由于互联网基因带来的成本、效率等方面的改变，使长尾金融市场成为能和传统金融主流市场抗衡的重要部分。而产业融合理论很好地解释了由于互联网、移动通信技术和信息处理技术的发展，金融数字化所出现的流动现象具备良好的可行性，而且平台还能够满足支付、借贷以及理财等多个板块混业经营的现状。

在信用风险形成理论溯源方面，金融脆弱性的相关理论很好地解释了互联网金融不仅存在传统金融信用风险的形成基础，同时，还会随着互联网金融的发展而持续加速累积。信息不对称理论的分析结果证明，互联网金融的信息不对称不仅存在于交易双方之间，而且存在于各交易方与平台之间，这点与传统金融有所区别。行为人有限理性理论溯源可以看出，互联网金融由于信息传播、获取和计算都和传统市场完全不同，速度更快，信息量更大，杂质信息更多，信息鉴伪成本更高，所以交易双方总是存在有限理性，同时互联网平台在提升交易双方的有限理性行为的能力方面也有待发展。

第三章

互联网金融信用风险测度概述

　　第二章对信用风险的内涵、特点和影响因素进行梳理，对互联网金融的形成、发展与业务模式进行回顾，同时，从金融、互联网以及信用风险角度进行理论追溯，为本章展开互联网金融信用风险相关概念的论述奠定基础。在现阶段，互联网金融实现了对基金、证券、银行等金融行业的有机结合，形成了一种风险共担的产业链，充斥着大量的不确定性和安全隐患。正如本书第一章在文献梳理时发现，目前研究主要围绕互联网金融详细模式的风险进行理论、实例的测定分析，对该业务的经营主体的信用风险研究却非常匮乏。所以从本章开始的后续章节，展开对互联网金融信用风险的理论和实证研究。

第一节　互联网金融信用风险概述

　　互联网金融信用风险是本书的研究对象。相关概念的梳理包括互联网金融信用风险的内涵和特点两个方面。信用风险作为金融风险的主要种类，厘清互联网金融风险的定义与分类有助于互联网金融信用风险测度研究的展开。

一、互联网金融信用风险内涵

　　互联网金融实现了互联网和金融功能的结合，而且学术界有关互联网金融风险的研究取得了成效，以下对互联网金融风险的定义与类别进行梳理，然后厘清本书的研究对象，互联网金融信用风险的定义。

（一）互联网金融风险的定义与类别

　　互联网金融经过30年的发展，互联网上的金融圈已初具规模，不仅承担着传统的金融功能，包括支付清算、融资、投资等，而且金融科技不断地在形式上和功能上进行创新。互联网上的金融环境日益多样化，复杂化，金融创新层出不穷，互联网金融的业务模式不断演进，监管当局出台的各种政策对行业格局影响深远，经营互联网金融业务的企业以及互联网金融整体行业面临的风险日趋复杂。

　　在2018年下半年，监管当局规定互联网金融行业的各种业务必须要持牌经营，经营互联网金融业务的企业以及整体行业进入混业经营状态。根据本书第二章互联网金融理论溯源以及发展过程和模式等的回顾，互联网金融风险是指由经营第三方支付、网络小贷、众筹、互联网理财、互联网银行等互联网金融业务活动结果不确定性和不可控性而发生损失的可能性。而当前阶段，互联网金融业务的企业和整个行业的混业经营状态让风险的存在更加复杂。只有准确认知风险的类别、对重要风险及时测度，出台有效监管政策，才能保证经营互联网金融业务的企业以及互联网金融整体行业的健康发展。

风险是一种不确定性，金融风险作为风险之一，表示可能引起损失的不确定性。按照目前业界最为常见的《巴塞尔协议》的《有效银行监管核心原则》的划分标准，金融风险包括流动性风险、信用风险、市场风险、操作风险、法律风险、声誉风险等八个类别。互联网金融风险指互联网金融经济主体在从事互联网金融业务过程中可能遭受损失的不确定性。由于互联网金融业务模式是互联网技术与金融功能深度融合、不断演进的金融创新结果，其风险的分类具有二重性的特点，既要考虑金融风险的影响，又要涵盖互联网基因的特点。所以，在分析互联网金融风险的分类时，不仅要考虑金融风险角度的流动性风险、信用风险、市场风险、操作风险、法律风险、声誉风险等八个类别，而且还要考虑互联网基因带来的技术风险和信息安全两个类别。

本书认为，互联网金融风险主要包括互联网金融信用风险、互联网金融流动性风险、互联网金融市场风险、互联网金融操作风险、互联网金融声誉风险、互联网金融法律政策风险、互联网金融技术风险以及互联网金融信息安全风险。

互联网金融信用风险是本书的研究重点，后续篇幅将详细论及。互联网金融流动性风险是指经营互联网金融业务的主体在某个时点无法提供足够的资金量来满足诸如客户提现需求等流动性供给的风险。互联网金融市场风险是指和互联网金融具体业务或经营主体有关的资产或负债受利率、股票价格等市场价格变动影响而存在可能的收益和损失的风险。互联网金融操作风险是指和互联网金融具体业务操作或经营主体运营有关的错误或疏忽影响而存在可能的潜在损失的风险。互联网金融声誉风险是指由于负面社会舆论使互联网金融经营主体遭受声誉受损、客户严重流失、经济重大损失或法律诉讼等的可能风险。互联网金融法律政策风险是指由于监管当局对金融功能结合互联网技术带来的金融创新缺乏明确的法律规范和政策规定而导致互联网金融经营主体可能遭受经济损失的风险。互联网金融技术风险是互联网基因带来的风险，特指由于互联网金融平台的互联网技术支持不成熟等原因可能引起交易主体资金损失的风险。互联网金融信息安全风险是互联网基因带来的风险，特指由于互联网金融经营主体内控制度不健全而导致客户信息缺乏安全保护而被篡改、泄露、盗用和滥用，由此可能给客户带来重大损失的风险。

（二）互联网金融信用风险定义与分类

1. 定义

信用风险是一种主要的金融风险。从第二章信用风险定义来解读互联网金融信用风险，是指互联网金融经营主体在从事互联网金融业务过程中因为交易对手直接违约，或交易对手履约可能性发生变动而可能带来的损失，例如，交易对手信用等级下降，盈利能力降低等信用状况的改变可能给信用资产造成损失的不确定性。所以，互联网金融信用风险不仅包括与借贷行为有关的违约风险，而且还泛指互联网金融经济合约中任何一方信用状况发生变化使另一方资产价值发生变化而蒙受损失的可能性。从现代意义上，只要签订了合约就存在信用风险，只要经营状况发生变化，就存在信用风险。因此，互联网金融信用风险（包括金融企业和非金融企业）不仅包括具体业务违约带来的信用风险，还包括互联网金融企业经营状况发生变化而带来的信用风险。

2. 分类

参照第二章信用风险的分类，互联网金融信用风险根据经济主体的不同，可以分为以国家为主体从事互联网金融业务产生的信用风险、企业（包括金融企业和非金融企业）为主体从事互联网金融业务产生的企业信用风险，以及以居民家庭为主体从事互联网金融活动产生的个人信用风险。

从业界发展来看，互联网金融行业发展至今已进入混业经营阶段，企业同时经营着一项或多项金融业务，信用风险比较复杂。按照互联网金融行业经营具体特点，互联网金融信用风险主要包括以下三种类别：

（1）互联网金融具体业务的信用风险，是指互联网金融业务的交易主体一方在合约到期日不履行或不完全履行其义务而导致另一方损失的可能性。这类似传统金融的信用风险。互联网金融在不同的发展阶段，具体业务模式有所不同，而不同的业务模式，信用风险也不尽相同。例如，网络支付的信用风险指在支付交易过程中，买方、卖方、支付平台或银行未履行相关支付义务而使支付交易指令发出者蒙受损失的风险等。

（2）互联网金融业务经营主体的信用风险。在经营过程中，互联网金融业务经营主体的财务状况发生改变甚至破产可能导致的信用风险。由于互联网金融行业监管趋严，展业需要持有相关金融牌照，互联网金融业务的经营主体可能持有一张或多张金融牌照而处于混业经营的状态，所以互联网金融业务的经营主体信用风险类似于商业银行主体的信用风险，只是经营的金融业务种类和商业银行主体有所区别。

（3）互联网金融行业整体的信用风险，是指互联网金融整体行业发生的信用危机，可能是某种互联网金融业务信用风险过大引致，例如，P2P 业务模式风险出清导致社会对互联网金融整体行业业务的不信任而产生的信用风险，或由行业内具有影响力或规模的企业经营不善带来行业整体的信用风险。这类信用风险是金融功能和互联网特质融合过程的各种不确定性造成的，是从互联网金融整个行业的角度分析信用风险。

　　本书研究对象主要是互联网金融业务经营主体的信用风险，也就是以上第二种互联网金融信用风险。从互联网金融业界发展来看，金融功能和互联网特质融合过程中，具体业务模式金融创新带来互联网金融企业经营更大的不确定性，金融业务的混业现状让经营主体的信用风险错综复杂，从互联网金融业务经营主体角度研究信用风险，也包含了互联网金融业务本身的信用风险（第一种）；同时，由于行业发展时间很短，整体行业风险较大，企业作为行业的重要构成，信用风险的大小不仅影响企业自身的存续，而且影响互联网金融行业的健康发展，从互联网金融业务经营主体角度研究信用风险，也间接地考虑了互联网金融行业整体的信用风险（第三种）。从第一章学术领域的文献回顾梳理来看，针对"互联网金融信用风险"主题的研究文献数量有限，而且研究成果主要是关于互联网金融具体业务模式的信用风险，针对经营互联网金融业务的企业信用风险学术研究匮乏。所以本书把经营互联网金融业务企业的信用风险作为研究对象。

二、互联网金融信用风险特点

　　互联网金融是金融功能结合互联网技术，所以信用风险不仅具有传统金融信用风险的六个特点，表现形式上发生变化，而且还产生了互联网基因带来的新特点。以下部分对本书研究对象"互联网金融业务的经营企业"信用风险进行总结归纳，具体包括以下两个方面：

（一）与传统金融信用风险相似的特点
1. 从总体上来看，兼具系统性与非系统性特点

　　互联网金融业务的经营企业，类似传统商业银行，信用风险主要受到与借款人或金融工具发行人直接相关的某些非系统性因素的影响，例如，在信贷领域中借款人或发行人的经营管理能力、财务状况、道德品质等；同时，因为经营环境与所有企业相似，互联网金融业务的经营企业，信用风险也会受到系统性因素的影响，如宏观经济、政策法规和自然灾害等，这类因素很难通过多样化投资进行分散或转移。但是，由于经营业务的特殊性，行业发展历史较短，相对于其他行

业，互联网金融因为政策法规面临的信用风险不确定性更高，金融业务与互联网技术创新过程中信用风险的暴露，政策法规也在不断变化，为行业健康发展打补丁。所以互联网金融行业信用风险兼具系统性和非系统性特点，政策法规对行业信用风险影响相对于传统金融更大。

2. 收益与损失分布的概率具有不对称性、观察数据获取困难

互联网金融业务的经营企业，由于金融属性相同，信用风险发生原理相似，所以收益与损失分布的概率也具有不对称性，而且结合了互联网技术，收益和损失变动的幅度更大更快。由于行业发展时间较短，数据累积不够，而且金融功能结合互联网技术，主要在平台上以流动的数字信息方式执行金融功能，互联网金融企业的主要经营方式也是以平台形式，然而，平台不仅包括支付、借贷等金融功能，还包括电商、电子社区等非金融功能，数据对于平台经营者属于商业机密，经营存续的基础，所以信用风险的观察数据也同样获取困难。

3. 信用风险可以测度和控制

通过第二章的理论溯源，互联网金融的金融属性具有一定的理论基础，所以与传统金融信用风险在测度的理论和方法方面具有一定的共通之处。这也是本书展开研究的基础。传统金融信用风险的测度和管理在理论和实证方面发展都相对成熟，通过第三章的回顾也得到印证。目前学术界也有大量研究关于互联网金融不同模式信用风险的测度研究，这些都证明互联网金融信用风险的测度和控制的可能性。随着学术界研究的不断深入，以及业界发展信用风险控制措施的试错和调整，数据的积累，理论和实践方法相互印证，互联网金融信用风险的测度和可控性还将继续得到发展。

（二）互联网金融信用风险专有的特点

1. 信用风险突发性更为迅速，破坏性更强

互联网技术的使用、业务创新性较强，不完善的信用体系，以及网上信息甄别困难互联网金融信用风险突发性更为迅速，信用风险的发生通常是量变到质变的过程，由各种信用风险影响因素逐步累积并不断叠加导致的结果，一旦信用风险积累到某个临界点时则会突然爆发，表现为企业破产或违约行为的大量发生，而在爆发前没有明显征兆，一方的信用风险发生可能会扩散到关联各方，从而引起加总起来的信用风险呈指数增长，破坏性更强。

2. 信用风险可控性变差，涉及面更广

在初始阶段，互联网金融业务经营的从业门槛较低，无须金融牌照，只需ICP许可证（利用公共网络基础设施提供的电信与信息服务的业务许可证）。许多互联网公司、民间借贷公司进入互联网金融行业，经营专业性很强的金融业务，引发了 2015 年行业信用危机。此后，互联网金融行业进入规范发展阶段，监管当局提高行业准入门槛，要求持牌经营。经营互联网金融业务的企业通常持有一项或多项金融牌照，混业经营，这和传统金融行业有所不同。互联网金融行业的业务界限较为模糊，增大了收益与损失的不确定性；同时，缺乏对整个行业或具体企业信用风险较为有效的测度和监控方法。此外，互联网金融具有普惠特性，资金供需双方可能缺乏必要的金融常识和金融专业知识，一旦发生信用风险，互联网的无边界属性会加速信用风险的传染速度。

3. 信用风险受市场预期影响更大，信用悖论现象更严重

信用产生于交易双方对彼此履约能力和履约行为的预期判断。当预期变得不确定或发生改变时，就会产生信用风险。从整个市场角度来看，当整个市场对某类交易有良好预期时，信用风险发生的概率相对较小，市场预期恶化时信用风险发生的概率更大，信用风险很难通过原有分散化、多样化等资产组合管理方法进行信用风险管理，这就是经常被观察到的信用悖论。互联网的金融业务完全不受时间和地域的限制，市场预期增加时间变量的影响，网络信息交流方式和传统金融相差较大，信用悖论现象更加严重。

三、互联网金融信用风险影响因素

上文从与传统金融信用风险类似的特点以及互联网金融特有的特点两个方面对互联网金融信用风险特点进行分析。在现阶段，互联网金融实现了基金、证券、银行等金融行业的有机结合，多方共担风险，充斥着大量的不确定性和安全隐患。本书第一章在文献梳理时发现，目前研究主要围绕互联网金融具体模式的信用风险展开理论和实证的测度研究，针对互联网金融业务的经营主体的信用风险研究却非常匮乏。以下部分从宏观环境以及经营互联网金融业务主体自身的经营水平两个方面对互联网金融信用风险的影响因素展开梳理，为下一章对互联网金融信用风险业务的经营主体信用风险进行测度实证研究打下了基础。

（一）与传统金融信用风险相似的影响因素

1. 从理论角度来看

根据第二章的理论溯源，经营互联网金融业务的企业由于提供金融服务的业务属性不变，信用风险的形成原因同样可以从金融脆弱性、信息不对称性以及行为人有限理性三个理论角度进行分析。

互联网金融业务的经营企业具有金融业高负债经营的特点,高风险伴随始终。行业本身具有一定脆弱性,互联网金融企业作为行业的行为主体,也具有高风险特质,同样受金融脆弱性的影响,而且行业本身发展时间较短,金融业务模式和互联网技术不断融合创新,金融脆弱性更加明显。

互联网金融业务的经营企业同样需要面对经济学理论中的信息不对称的情况。互联网金融业务作为金融市场的一部分,也是整体经济活动的一部分,同样会发生因为信息不对称市场失灵的情况,而且互联网金融业务模式结合了互联网基因,与传统金融相比,在网络交易时产生的大数据,可以解决交易双方产生的信息不对称问题,但是互联网交易也可能带来信息过载,增加了信息核实成本,影响了交易的即时性,无法保证交易双方的真实身份和信息,线上线下脱节的情况时有发生,而线上经济主体之间的交易过于"封闭",某种程度上造成了交易双方信息不对称或信息过载,拥有确凿信息的一方就会产生逆向选择,造成互联网金融信用风险。

互联网金融业务的经营企业作为交易主体,同样是有限理性的经济人,四大特征没有改变:具有追求个人利益最大化、天性趋利避害、有限理性以及机会主义倾向。基于信息经济学所构建的委托—代理模型,进而研究当事人的行为,作为"经营互联网金融业务的企业"信用风险形成原因同样有效。经营互联网金融业务的企业作为有限理性经济人,具有追求企业利益最大化的倾向,具有趋利避害的天性,善于利用自身信息不对称优势做最优契约安排,造成代理人出现相应的机会主义,因此而产生了事前出现的逆向选择以及事后道德风险,从而互联网金融信用风险形成。

2. 从业界经营状况来看

互联网金融业务的经营企业信用风险受到宏观环境和微观环境及经营主体自身各种因素的影响。

从宏观环境来看,互联网金融企业在经营过程中信用风险的形成受到系统性和非系统性因素的影响。在系统性因素方面,包括经济周期、行业生命周期等。当宏观经济处于上升期时,企业的盈利能力相对较强,总体违约率降低,信用风险也处于低点。当宏观经济处于衰退期时,消费需求较低,社会购买力下降,生产能力相对过剩,企业盈利恶化,拖欠债务可能性增加,信用风险也因此加大。同时,互联网金融企业信用风险还受行业因素的影响,包括生命周期、竞争格局等。互联网金融行业发展时间较短,金融与互联网技术融合过程中,生命周期、竞争格局不断演变。由此带来的不确定性是经营互联网金融业务的企业信用风险的形成原因。此外,宏观环境中影响信用风险形成的非系统性因素包括政府监管政策、汇率、利率等，也包括企业经营过程中整个行业上下游企业的经济状况。其中，汇率、利率直接影响市场中资金价格，从而影响企业决策；政府监管政策松紧和倾向影响着整个行业的经营环境；行业里企业是否存在无序竞争和其他短期行为，也间接影响企业间债务市场以及信贷市场。

从微观环境来看，互联网金融企业在经营过程中，信用风险的形成还受到各种微观因素的影响，包括企业自身经营管理水平高低、履约对手情况的履约能力或履约意愿等。影响企业经营管理水平高低的因素包括企业财务状况和结构方面，净资产低、负债高、抵御风险能力弱；在企业经营能力方面，市场判断失误，盈利能力恶化，资金循环不畅或资金链断裂等。履约对手履约能力和履约意愿都可能影响企业经营。履约意愿指微观经济主体在特定期限内履行合同的主观意愿，与其经营理念、道德品质等有着直接关系。影响企业或者个人履约思想的核心原因包括：企业或者个人的财务状况恶化，骤然产生的被动恶意，或签订合同时的主观欺诈等因素。

这类由于道德品质和履约心理导致的信用风险很难用数学方法计量，只能根据过去的信用记录或经验进行判断和评价。

（二）互联网金融专有的信用风险影响因素

区别于传统金融企业，互联网金融行业发展时间较短，经营企业的信用风险还受互联网金融业务特有的因素影响。以下从经营主体、业务对象、社会信用体系、现有信用风险测度方法、监管当局角度分析互联网金融业务的经营企业特有的信用风险影响因素。

1. 在经营主体方面

互联网金融行业发展时间较短，经营主体主要包括传统金融机构、互联网科技企业以及民间借贷机构等。首先，经营业务是金融业务，但经营主体专业能力参差不齐。在行业发展初期，准入门槛很低，只需 ICP 许可证，甚至一些没有经过批准的民间借贷公司游离于监管之外，经营金融业务缺乏专业性和信用风险控制策略，即使进入行业发展规范期，混业经营，金融业务边界模糊，经营主体在产品定价、风险评估以及内部控制等方面差别较大。其次，经营主体本身就经营链接投资者的互联网平台，作为信用链条上关键节点，承担补足投资者有限理性的职责，但平台本身技术水平参差不齐，小机构所使用的系统存在缺陷或者漏洞，可能影响信用链条的传递，而大企业凭借技术壁垒有造成垄断的趋势，平台本身过大透明度不够。最后，传统金融主要以货币信息传递和交换实现金融功能，而互联网金融能够利用数字化的信息改变传统的货币交换和传递具有速度快、简单便捷的优势，但是在信用风险测度和控制技术尚未成熟情况下，过度使用数字化信息容易出现大规模信用风险。

2. 在业务对象方面

互联网金融业务经营机构依托互联网信息，基于相对偏低的成本上线碎片化以及低门槛的各类服务，进而发展新的"尾部"市场，主要涉及普通散户或者是小微企业。此类客户有着数量相对较多、低端化以及非理性等多个基础特征，一方面，风险意识淡薄，对互联网金融交易过程中涉及的专业知识掌握甚少，投机心态重，容易被高收益等金融产品吸引；另一方面，造成"羊群效应"，投资者的非理性行为加剧且叠加，造成更多不确定性和不可预测性。

3. 在社会信用体系方面

由于我国传统金融信用体系无法准确快速判断互联网金融交易对象信用风险，整个市场缺乏一个完善的社会信用记录体系，信息资源无法共享，所以互联网金融业务经营机构本身，以及交易对象都无法准确进行信用风险的测度、评估、管理。互联网上信用欺诈以及借款失信等未能产生高效的制约体系。而互联网金融行业的信用链条比传统金融更长，缺乏信用体系，隐含的信用风险会被成倍地放大。

4. 在信用风险测度方法方面

因为互联网金融发展时间较短，随着金融功能借助互联网技术不断实现创新，各种业务模式不断变化，从传统金融的支付、银行、保险、证券等功能，到具有互联网特色的众筹、P2P、消费金融、供应链金融功能，信用风险测度方法主要针对某种功能，研究互联网技术对其模式的改变，以及由此带来测度方法的更新，从总体上来看，主要使用金融科技和传统信用风险测度方法，但是整体测度和控制效果一般，尤其当前互联网金融依托自身平台将基金、证券以及银行等各大产业构建密切关系，在此基础上产生了风险共担的产业链，但是信用风险测度方法主要还是针对某种模式，从具体业务角度进行测度，无法反映互联网金融企业和行业整体信用风险水平。

5. 在监管当局角度方面

对互联网金融业务经营主体的监管存在创新空间，希望依靠金融创新和监管，产生互作用与博弈的影响，进而缓解金融体制结构性矛盾，从而促进实体经济。但是在互联网金融产业的发展进程中，因为其中有长尾效应以及普惠金融等基本特性，信用风险出现的概率更高，而且风险传播速度更快，风险更加复杂。同时，互联网金融业务种类多，发展速度较快，与国家相关的法律法规和监管政策具有滞后性，无法满足互联网金融创新发展的速度，使互联网金融信用风险无法得到有效的监管和控制，影响了金融市场的稳定发展。目前，互联网金融正在分业经营到混业经营之间的过渡阶段，而且经营模式也有着多样化的基本特征，增长监管的难度与负担。虽然国家监管局意识到了这个问题，并对互联网金融经营业务主体的定位是反垄断、金融归金融、科技归科技，不被资本绑架，但目前尚处过渡期，互联网金融经营业务主体的信用风险仍然很大。

第二节　互联网金融信用风险测度研究

由于互联网金融具有金融的本质属性，对互联网金融业务经营主体信用风险的测度研究，从对信用风险测度理论与方法评述开始。

一、信用风险测度理论与方法评述

《巴塞尔协议》是全球金融行业信用风险管理的纲领性文件。金融的全球化趋势及金融市场的波动性加剧让各国的金融机构感受到前所未有的信用风险的挑战。世界银行研究表明，导致金融机构破产的主要原因就是信用风险。随后，金融行业对信用风险的关注日益加强。1974 年底，十国集团的中央银行行长在巴塞尔成立了银行业务条例与监管委员会（以下简称巴塞尔委员会），主要职责是交流金融监管信息、建立各个领域能够认同的最低监管标准、加强各国监管当局的国际合作与协调、维护国际银行体系稳健运行。该委员会自成立以来，制定了一系列重要的银行监督管理规则，1983 年对原有规则进行修订，称为《巴塞尔协议》；1988 年巴塞尔资本协议提出了信用风险的权数管理办法和最低资本要求等内容；1999 年又提出外部和可能的内部评级等办法；2001 年确定了以内部模型为基础的信用风险管理等内容，2004 年新资本协议最终定稿，现在一般称为《巴塞尔新资本协议》。

《巴塞尔新资本协议》提出信用风险测度采用标准法或内部评级法，基本思路都是利用已经掌握的信息通过定性和定量计算判断可能的信用风险大小，根据挂钩的资本充足率来准备相应的资本，以保证金融机构经营的稳健。标准法和内部评级法的核心是信用风险的基本指标：违约概率（Probability of Default, PD）、违约损失率（Loss Given Default, LGD）、违约风险暴露（Exposure at Default, EAD）、有效期限（Effective Maturity）、预期损失（Expected Loss）和未预期损失（Unexpected Loss）。违约概率是新协议确定的标准风险权重函数的唯一变量，由金融机构自行测算，而且测算难度较大。长期以来，理论界和实务界对信用风险的关注主要集中在对违约概率的研究上。违约概率（PD）指在未来一定时期内不能按合同要求履行相关义务的可能性，早期放在信贷协议范畴内解释，便是对贷款发放前可能损失的预先估计和准备，随后各国对内部信用风险管理工具科研加大投入，信用风险测度的理论和实践的技术和方法都有了突破性的飞跃。

对违约概率（PD）的评估是以历史数据和经验证据为基础的。违约概率（PD）的研究是从理论和实践两个角度进行的，来自金融学和管理学等学科的理论为信用风险测度和管理方法的研究打下坚实的理论基础，同时带来信用风险测度方法的发展。信用风险测度理论为各种测度方法提供理论依据，研究思路、分析框架、模型要素等各种思路，测度方法的发展丰富了测度理论应用的手段，验证了测度理论的思路，也发现测度理论实践应用的局限性及改进方向。以下回顾信用风险测度理论与测度方法，为第四章研究互联网金融信用风险厘清思路。

（一）信用风险测度理论基础

信用风险测度和管理理论的发展借鉴了金融学和管理学等学科成熟的理论框架，从信用风险的诱因分析构建信用风险测度的理论基础。信用风险主要由财务危机引致，所以对金融机构的财务困境进行针对性分析，是确定金融机构信用风险的主要方法之一。信用风险研究其本质，是金融机构的财务困境预警或破产研究。该理论主要有两个类别，规范性理论和实证性理论，前者侧重于对金融机构信用风险的产生及发展的分析和论证，实证性理论是根据已有的成熟研究成果用于对金融机构风险的研究从而得出经验数据，以此摸索企业财务困境或破产的特征并形成框架体借此预测判断信用风险。以下从金融学、管理学角度梳理信用风险测度四类理论基础。

1. 第一类理论基础来源于金融学的现代金融理论

这类理论包括资产组合管理理论、资产定价理论以及期权定价理论等。现代资产组合管理理论提出从收益角度（收益率的波动）来衡量风险，从资产组合角度衡量某一资产风险大小（相关系数 β），是历史上首次运用现代微观经济学和数理统计的规范方法对投资活动中的风险进行全面系统研究的现代金融理论，"引发了华尔街的第一次革命"，构成了现代金融理论的核心和基石。在此基础上的资本资产定价模型（CAPM）以及套利定价理论（APT）开创了现代资产定价理论领域，确定衡量风险的统一标准以及风险定价的基本原理，投资组合和因子模型对风险管理的意义，理论奠基人因此获得诺贝尔奖。这两个理论都为信用风险测度提供了手段，也为规避风险开创了新的渠道。MM 定理研究表明公司资本结构的决策与风险管理之间具有十分密切的关系。衍生工具定价理论开创了金融衍生品理论研究先河，该理论认为金融市场中除了直接的期权合约外，股权、可转换债券、担保、抵押贷款等金融产品都含有期权性质，并为某一资产风险指标（收益波动标准差）的衡量提供了新方法。基于股票标的资产看涨期权的定价公式（BSM 模型）被喻为"华尔街第二次革命的发动机"。

在现代金融理论基础上发展起来的 CAPM 模型，MM 定理和 BSM 模型是现代金融理论的三大基石，信用风险测度的许多新方法正是基于这些理论而发展起来的。具体来看，基于上述理论基础，信用风险分析模型主要分为四种财务模型：第一种模型是比较经典的以 BSM 为基础开发的信用风险测度模型——KMV 模型，近年来在西方国家应用比较广泛，被应用于研究公司财务问题并成为现代财务理论的最新发展。该模型从期权角度研究信用风险，把负债经营企业的资产价值看作一种涨期权，期权价格为公司资产价值的总市场价值，当其高于债务价值时，股东行使看涨期权，偿还债务，继续拥有公司，没有发生信用危机；反之，公司所有者将公司资产出售给看跌期权的持有人，即债权人拥有公司，信用危机产生，公司破产。所以信用风险的大小与公司市场价值和债务价值之间差额直接相关。第二种模型是不考虑外部资本市场条件下的赌徒破产模型，即企业无法通过证券市场筹集资本，每期都以不同概率得到正的或负的现金流，所以信用风险的测度与现金流和企业净资产清算价值直接相关。第三种模型是假设企业具有完美外部资本市场条件的赌徒破产模型，信用风险测度与现金流、企业资产价值的总市场价值和债务价值直接相关。第四种模型是假设企业外部资产不完美条件下的赌徒破产模型，信用风险测度则需进一步考虑融资成本、税收及其他市场不完善因素。

2. 第二类理论基础主要指非均衡理论

这类理论基于外部原因的视角研究财务困境以及破产比，类似于混沌与灾害理论。Ho 和 Saunder（1980）根据他们对银行破产分析的研究成果提出了灾害理论，该理论指出：一部分银行破产不是由内部原因导致的逐步衰落，而是由管制机构的行为和政策引发的。另一部分银行破产是由于具体经济要素发生变化，比如生产函数的转变、市场结构以及行业特征等。

3. 第三类理论基础是契约理论

这类理论从股东和债权人之间存在潜在的利益冲突（契约本质不同）角度来研究公司破产。Chen 等于 1995 年建立了一个基本代理模型来研究破产过程。该模型有三类参与者：股东、银行和债权人（和股东不能直接联系）。假设企业面临的状态只有两种：好的现金流与坏的现金流，同时假设所有参与者都是风险中性管理层，而且目标都是股东利益最大化。在这些假设的基础上他们理论分析了有效投资、过度投资和投资不足三种情况。研究结果发现：公司投资行为受公司的变现价值和债务面值的比值影响很大；债务的期限结构也是影响投资效率的显著因素；短期银行借款在总负债中的比率越高，企业的投资效率也越高，这主要由于银行作为债权人，比其他债权人更有信息优势和谈判能力，这有利于保护所有债权人和股东的共同利益。

4. 第四类理论基础是管理学和企业战略学

这类理论借鉴其成熟理论对一系列破产公司进行案例研究后再进行规律性总结，形成规划性理论体系并用其来分析企业破产。例如，基于波特竞争优势理论得到管理学解释破产的理论框架。波特竞争力优势理论包括竞争对手进入、替代的威胁，与客户及供应商讨价还价能力等因素分析企业在降低成本及产品差异化方面具有的竞争优势。由此，许多管理学领域的学者认为管理失误是公司破产的主要原因，并观察到了一些征兆，例如，权力过于集中；缺乏内部控制机制或内部机制没得到有效执行；会计及财务内部控制不严；对竞争反应太慢；缺乏多元化经营；过度借贷等。

规范性理论的主要作用在于，对信用风险产生的原因进行深入和体系化思考，提供了可以分析信用风险的理论框架，为实证研究模型设计检验或预测变量选择提供理论框架的指导作用。实证性理论研究需要借鉴学科成熟理论框架，结合大量发生信用风险的企业或破产公司的数据，研究分析财务、经营方面的相关特征并形成一定框架体系。规范性理论和实证性理论都可以结合运用各种统计或数理方法，考虑研究对象具体情况并厘清关键要素，设计运用模型分析预测研究对象的信用风险程度和违约可能性。

（二）信用风险测度方法评述

信用风险测度方法从大类来看，主要分为定性分析和定量分析，定量分析又包括以财务数据为解释因素的数理模型和以现代金融理论为基础的测度模型。

1. 专家分析法

专家分析法是指专家依据借款人反映出来的各种信息通过主观分析来判断和衡量企业贷款的信用风险。专家主要指银行等贷款机构内经过长期训练、具有丰富经验的信贷人员。根据判断信息的角度不同分为"5C"法、"LAPP"法等。"5C"法包括借款人的资信品格（Character）、资本实力（Capital）、还款能力（Capacity）、贷款抵押品价值（Collateral）以及当时所处的经济周期（Conditions）。"LAPP"法包括流动性（Liquidity）、活动性（Activity）、盈利性

（Profitability）、潜力（Potentialities）。专家主观判断并给予各个因素不同的权重后综合得出分值作为信贷决策的依据。同时，专家还会结合利率水平和汇率水平决定借贷成本，因为利率水平与贷款的预期收益率之间是高度非线性的相关关系。专家分析法在很多借贷机构仍在使用，优点在于结合专家的专业判断和工作经验，缺点在于难以避免的主观性和难以实现的一致性。不同的信贷负责人对于相似的借款者可能运用完全不同的主观标准得出不同的评价结果，难以排序和比较，而且有着强烈的偏好，加剧了银行贷款的集中程度，无法实现收益和风险的合理分布，同时，在评判时易受感情和外界因素干扰做出偏差较大的分析。

2. 基于财务数据的信用测度方法

该类方法以评测对象的财务比率作为解释变量，运用数理统计方法来建立多元模型，然后根据模型输出的信用分值或违约概率，对比基准值后对测评对象的信用风险。这类模型常被用于预测违约事件发生的可能性以及信用危机信号，让经营者在危机的萌芽阶段能够采取有效措施进行改善；让投资者和债权人能够及时转移投资、管理应收账款以及做出信贷决策。这类模型发展得较为成熟，目前在国际上应用最广最有效，也是国际金融业和学术界视为主流的方法。因为信用风险与交易对象的财务状况等直接相关，而财务数据和比率又能直接体现财务状况，而且财务数据相对可靠、可得性强、结合发展迅猛的计算机技术以及各种数理统计方法，信用风险的测评结果好理解，容易推广。

早期，财务比率被发现可以反映财务状况。Fitzpatrick（1932）最初阶段得出财务比率，可以判断财务状况对于后续信用发展具备预测效果。企业能够对多个阶段的财务比率开展对比分析，还可和相同行业开展对比分析，进而对经营状况信用风险有清晰的认识。通常情况下，对于财务比率得分析旨在基于营运资金、流动性比率等在内的几个方面予以分析研究。客观来讲，基于标准值的确定相对困难，加之此类分析需要大量的比率来予以支撑，且不同比率间往往会存有不同程度的作用于制约，随后实践中信用风险分析人员开始寻找能够反映企业财务状况又方便做决策的单变量信用分析模型。

随后，单变量信用分析模型开始流行。W. H. Beaver（1968）最早提出单变量信用分析模型，他对 70 家还在经营和 70 家已经破产的企业过去 10 年中的财务比率进行了分析，发现两者最大区别的财务指标是现金流量（或利润）和企业的资产（负债）的比值，由此在《会计评论》杂志上提出了单一比率模型，认为现金流量与总债务的比值是衡量企业信用状况最可靠的指标。后续研究也有学者认为利息保障倍数才是衡量企业信用风险的最可靠指标。然而，事实上，很难通过一个指标就判断不同国家、不同经济发展时期、不同行业的企业信用状况。

多变量计分模型开始流行。美国学者 Altman 于 1968 年就美国破产企业与正常经营企业的 22 个财务指标进行分析研究后提出，可通过个人财务状况、还本付息能力和预测准确度的 5 个关键指标构成著名的 Z–Score 模型，这 5 个关键指标为营运资本 / 总资产、留存收益 / 总资产、息税前利润 / 总资产、权益市值 / 总负债账面值和销售收入 / 总资产。以计算获取的 Z 值与临界值开展对比分析，判定研究对象的信用风险，如果是 Z 值的分值数据相对于 2.99 更高，代表公司具备较为理想的信用；如果 Z 值的数据小于 1.81，就代表企业的信用相对较差。

多变量计分模型得到改进。Altman 等（1977）共采用了 960 家公司，其中破产公司 480 家，非破产公司 480 家推出了升级的 ZETA 评分模型，将变量由 5 个增加到 7 个，使辨认精确度大大提高。这 7 个变量包括资产报酬率、资产收益率变化的标准差、利息保障倍数、留存收益（资产减负债 / 总资产）、流动比率（流动资产 / 流动负债）、资本比率（普通股权益 / 总资本）以及公司总资产的对数。由于模型简便、成本低、效果佳，这两个最为著名的多元线性判别模型，目前广泛应用于美国、意大利等国的商业银行并且取得了巨大的经济效益。然而，多变量计分模型需要变量符合正态分布假设（而财务比率并不符合）、分析结果仅能作分值高低排列，模型无法处理非线性情况，而现实经济现象是非线性的，这削弱了预测结果的准确程度，使得模型不能精确地描述经济现实。

线性概率模型已经诞生。由测评对象信用状况可知，作为因变量，将多个财务比率作为解释变量代入线性回归模型，通过最小二乘法回归得出因变量和解释变量之间的相关关系，建立预测模型，然后运用该模型预测企业未来的违约概率。该模型不要求变量满足正态分布和等协方差，还可以对每个变量进行显著性检验，但是模型预测的概率估计值可能落在区间（0，1）之外，不符合概率理论，目前此方法已经很少使用（张玲，2004）。

为了改进线性概率模型的预测值落在区间（0，1）之外的缺陷，随后，学者便假设事件发生的概率服从某种累积概率分布，使模型预测值落在 0 与 1 之间。如果事件发生的概率假设服从累积 Logistic 分布，则为 Logit 模型；如果事件发生的概率假设服从累积标准正态分布，则为 Probit 模型。Probit 和 Logit 模型同样采用财务比率预测公司破产或违约的概率，按照风险偏好程度设定风险警戒线。Martin（1977）最早提出 Logistic 模型，他将 Logistic 模型与 Z–Score 模型、ZETA 模型预测能力进行了比较，结果发现 Logistic 模型要优于 Z–Score 模型和 ZETA 模型。

神经网络技术在 20 世纪 90 年代被引入到企业信用评价中，该评价方法是财务数据结合神经心理学和认知科学的研究成果，与非线性判别分析十分相似，对数据的分布要求不严格，对自变量与因变量之间无函数关系要求，能有效解决非正态分布、非线性的信用评估问题。但是，该模型由于权重分析过程存在黑箱性，无法解释变量之间关系、结构确定困难、训练样本大、训练效率低、严重脱离了业务逻辑，如果历史数据过拟合会削弱在新样本上违约的预测能力等缺点，无法推广。另外，如果数据样本不足，决策树模型对测度公司信用风险容易造成很大的计算偏差。

3. 现代内部计量模型

上文回顾了传统信用风险测度方法和模型，主要包括专家分析法和以财务数据结合数理统计的测度方法，后者因为准确率较高，模型简便、结果简单明了至今仍被广泛应用。然而，由于近20年来全球金融危机加剧，银行信用风险频发，市场需要具有理论基础深入分析并能准确测度的新模型和新方法来测度和解释日益复杂多变的信用风险。在资产组合管理理论、资产定价理论以及期权定价理论等现代金融理论发展以来，1998年《巴塞尔协议》允许各银行使用内部模型测度信用风险，新方法新模型也开始兴起，目前比较成熟的模型主要有基于期权定价理论的KMV模型、信用度量术模型（Credit Metrics Model）、信用风险附加模型（Credit Risk+）、信贷组合观点模型（Credit Portfolio View）等。

KMV模型在国际金融界有着广泛应用，其对于信用风险的分析具有理论基础支持，同时比较符合信用风险内涵、特点和影响因素。开发思路遵循Black Scholes（1973）、Merton（1974）以及Hull和White（1995）的期权定价模型。该模型借鉴看涨期权角度研究企业信用风险，通过受信企业股票市场价格变化分析企业信用状况，认为企业违约与否主要取决于企业资产市场价值、负债账面价值和资产市场价值波动率，当企业资产未来市场价值低于企业所需清偿的负债面值时企业将会发生违约。

KMV模型之所以被广泛接受，与它自身所具备的优势分不开。首先，根据信用风险含义、特点和影响因素来判断，相对于其他模型和方法，KMV模型能够比较全面反映公司信用状况。KMV模型既包括财务状况又涵盖市场交易信息，股票市场的实时行情不仅能够反映该企业历史和当前的发展状况，而且能够反映市场中的投资者对企业未来发展的综合预期。其次，上市公司作为行业龙头和代表，市场占有率很大，其信用状况便于作为行业间比较标准，也能够体现整体行业信用风险水平。KMV模型可以看作一种信用风险预判的方法，包含了市场投资者对该企业信用状况未来发展趋势的预期，克服了其他模型仅依赖历史数据建立数理统计模型的信用测度方法的缺陷"历史可以在未来重复其自身"；而且模型结果不仅可以以违约率的方式体现，还可以以标准差的方式呈现，据此可以判断信用危机的"安全距离",也方便对贷款的定价。

KMV 模型也有自己的软肋。首先,模型比较适合判断上市公司的信用风险,基于数据可得性以及容易获取公开资本市场交易价格,获取非上市公司公开可靠的信息不容易,当然也可以通过 PFM 模型间接判断,或借助于某些会计资料信息或其他指标来替代模型中的一些重要变量。其次,KMV 模型假定借款企业的资产价值成对数正态分布,由此计算出理论的预期违约频率值,但实际上,长期债务内部还有不同类别(有否担保、有否契约、能否转换等)和偿还顺序,而且债务数额和结构也并非一成不变,所以在违约点的判断上还需进一步分析。最后,KMV 模型过于依赖受信企业在股票市场上的价格变化信息,而对这方面的信息深入分析研究还比较匮乏。

信用度量术(Credit Metrics)由 JP 摩根公司和银行等合作机构于 1997 年推出的信用风险估值和管理模型,旨在提供贷款和私募债券这样非交易资产的估值和风险分析的框架。该模型认为信用风险的影响因素不仅包括债务人的违约风险也包括信用等级降低,通过对贷款和债券在给定时间单位内未来价值变化分布进行估计得出在险价值(VaR)来衡量信用风险。这是一个有创意的解决框架,利用借款人的信用评级、下一年评级发生变化的概率(评级转移矩阵)、违约贷款的回收率以及债券市场上的信用风险价差和收益率计算出一组假想的市场价值和波动率,从而得到非交易性贷款的信用 VaR。

信用度量术(Credit Metrics)的出现标志着风险管理在精确性和主动性方面取得了巨大进步,但是模型的缺陷也显而易见。首先,模型假设同信用评级内所有的债务人都具有相同的违约概率,使用统一的历史平均违约概率,而根据 KMV 模型的研究,事实上违约率的变化是连续的而信用等级的调整是离散的;同时,模型假设金融工具收益率和市场价格变动呈正态分布,而许多研究表明,金融工具市场价格的变化被认为具有"厚尾"现象,这两个模型的假设都有可能不成立。其次,该模型用来评估资产价值的无风险利率以及敞口的确定没有反映出市场风险和潜在的经济环境变化,而且在估计违约相关性时只是用股票相关性来代替资产相关性。最后,该模型只能反映风险因子与资产价格的线性关系,而不能反映它们之间的非线性关系,所以只是一个部分估值模型。以上这三点都影响了模型的准确性。

信贷组合观点(Credit Portfolio View)是由麦肯锡公司于 1998 年提出的一个多因子宏观模拟方法的模型。Tracy 和 Carey 在 1998 年对 18 家银行持股公司内部信用评级体系的调查表明,60% 的典型贷款组合投资评级会降低,并且低质量信贷的违约率对商业周期高度敏感,还受经济状态影响。其他模型违约概率主要由历史经验数据决定，而麦肯锡模型中决定违约概率的是类似 GDP 增长率、失业率、长期利率、政府支出这样的宏观经济变量。模型的逻辑来源于以下事实：系统性信用风险受信贷周期影响，而信贷周期又和经济周期相关，所以宏观经济状态是系统性信用风险的最终来源，麦肯锡模型测度的对象是无法通过多样化来分散的系统性信用风险。据此，麦肯锡模型的建模思路是通过多元经济计量模型来模拟宏观经济状态的，是处于扩张还是衰退，然后通过一个转移函数（也是一个多元经济计量模型）将该宏观经济状态转换成特定国家特定部门的条件违约概率和转移概率，从而模拟出整个信贷组合的损失分布。麦肯锡模型的优点在于克服了由于假定不同时期的转移概率是静态的和固定的而引起的一些偏差，完善了在险价值法（VAR）。模型缺陷包括三个方面：①模型只考虑系统性信用风险；②模型校验需要国家和行业的可靠违约数据；③对于调整转移矩阵的方法还没有和简单的贝叶斯模型相互比较性能优劣。

信用风险附加法（Credit Risk+）模型是由瑞士信贷银行金融产品部 CSFP 在 1997 年推出的信用风险评价模型。该模型采用保险精算学关于财产保险的思路，即损失决定于灾害发生的频率以及灾害发生造成的损失，如果一个家庭的全部资产组合均已投保，那么全部资产被烧毁的概率是很小的，所以每处资产被烧毁可以被视为一件独立事件。贷款组合的违约风险与家庭火险发生的概率和分布相似，所以精算思想也可用于贷款组合的信用风险测度。按照这个思路，模型对引发违约的原因不做假设，视违约事件为纯粹的统计现象，债务人是否违约完全是随机的。因此在建模方法上没有像 Credit Metrics 模型那样依赖于统计分析，而是采用保险精算学的分析框架来推导信贷组合的损失分布。因为假定违约率是随机的且可以在信用周期内显著地波动，所以用泊松分布来描述违约事件发生的概率，同时，还可对基本模型进行扩展，根据实际经验假设违约个数不是常数，而是服从 gamma 分布，以使组合损失分布更符合偏峰厚尾的形态。该模型的假设包括在已知期间资产的违约概率与其他期间；相对于众多债务人的总体情况，某个具体债务人的违约概率非常小，而且不同时期内发生违约的债务人个数与彼此无关。

信用风险附加法（Credit Risk+）模型的优点是需要输入的数据少，实施容易，对贷款损失的计算非常简单。主要缺陷在于：未考虑市场风险，对单个债务人违约概率的设定比较任意，忽略了信用评级的迁移风险，所以对每个债务人的风险敞口是固定的，即风险特征和违约概率无关；没有对违约的影响因素做任何假设；违约风险与企业资本结构无关。

死亡率模型和上述 CSFP 开发的信用风险附加模型相似，死亡模型也是采用保险精算学关于寿险的思路进行信用风险测度与管理。首先，以贷款或债券的组合以及其历史上的违约事实为基础，开发出一张表格，用于预测一年的或边际的死亡率（MMR）以及多年累计的死亡率（CMR），同时与给定违约概率下的损失结合起来，就可以得出预期损失的估计值。许多信用评级机构，如标准普尔、穆迪公司等都采用死亡率模型来预测分析债券类信用资产的信用风险。Altman（1989）等也用同样思路开发了贷款和债券的死亡率表。该模型不足之处在于：死亡率模型的精准度单纯依靠贷款与债券组合，样本规模相对较大，死亡率估计值误差越小，而事实上，业界很难建立足够大规模的样本，所以该模型的风险测度精确度也大打折扣，无法广泛进行推广。

（三）综合评述

信用风险测度指的是基于某种特殊方式或者技巧来定量分析与计算有引发信用风险的因素。为确保信用风险测度的准确性与可靠性，有必要基于历史经验与证明予以做出充分考量，而非单纯的主观臆断，系统认知多种计量方案的优势与局限性之上。通过上文的梳理，信用风险测度，指金融机构基于交易对象公开数据和相关信息进行定性分析、定量计算来预测信用风险发生的可能性。长期以来，理论界和实务界的关注主要集中在对违约概率的研究上。

1. 理论基础的比较

从信用风险测度的发展历史来看，第一阶段信用风险测度主要是基于信贷人员自身相对主观的工作经验。发展到第二阶段使用相关财务数据结合数理统计方法进行信用风险的测度，客观来讲，基于当前阶段下的全部统计学模型都有着一套相对成熟的数学统计方式，模型训练旨在以历史违约与特定企业的财务数据间的关联的相关历史经验作为依据来进行模型的构建，基于此，所构建的模型通常有着较为理想的可靠性与有效性，测度结果也比较准确，但缺乏理论基础，很难深入研究。第三阶段是借鉴不同学科的理论基础，通过不同假设搭建信用风险测度研究和分析框架，比较典型的是在现代金融理论的基础上，通过不同假设，构建信用风险测度模型，例如，KMV 模型是以期权理论为基础从信用风险本质概念出发，通过测度违约距离的变化反映信用风险大小，如果有历史数据库，通过转换可以计算出违约概率；CreditMetrics 模型在构建方面旨在以险价值理论为依托来予以构建；CPV 模型在构建方面旨在以宏观模拟方式为依托来予以构建；死亡率模型和 CreditRisk+ 在构建方面则旨在以保险精算思路构建测度模型。借鉴不同学科视角研究信用风险的学术成果也很丰富，例如，借鉴人工神经网络和支持向量机结合人工智能和机器学习技术，建立非线性模型；在第一章互联网金融测度综述时也发现，已经有学者借鉴系统理论从互联网金融生态系统角度研究供应链金融信用风险的测度。虽然单纯使用数理统计方法进行信用风险测度，结果简单明了，容易在业界推广，但是，缺乏理论基础，信用风险测度结果很难进一步深入分析，但在目前阶段，两种方法在业界和学术界共存。

2. 数据要求的比较

数据是信息的载体，反映宏观、微观等各方面经济状况。信用风险测度的模型和方法需要各种信息数据，数据的可得性和数据的质量直接决定了信用风险测度方法是否可行以及测度结果是否准确。目前，信用数据包括历史违约率和违约回收率数据、财务报表数据、证券市场实时数据、市场信用价差数据等。财务报表数据的历史最悠久、相对最可靠，也最符合信用风险的本质，所以被各种测度方法和模型广泛使用，如统计学方法、人工神经网络、现代金融理论信用风险测度模型等，特别是现代金融理论基础上构建的各种模型对数据的时间、容量、范围和质量的要求都较高。例如，KMV 模型的建模使用了很大的、周期很长的数据库，实际应用中还要结合证券市场的实时数据，所以信用风险测度以及预测结果能够更加敏捷和及时地反映测度对象信用质量的变化；CreditMetrics 模型需要企业信用等级转换情况的历史数据，以及长期跨行业的数据组；CPV 模型需要当前经济状况和行业违约数据，特别是大量的宏观经济和行业数据；死亡率模型需要大量的历史违约数据。所以信用风险测度研究在很长一段时间内，因为财务报表数据相对比较容易获取而被大部分模型和方法使用，不同的国家和企业也开始逐步积累历史违约率、违约回收率等数据。

二、互联网金融信用风险测度研究方法与模型评述

美国风险管理专家威廉姆斯（Willams）以及海因斯（Heins）提出，风险管理是通过对风险的识别、测度、分析和控制，以最小成本实现最大的安全概率的科学管理方法。根据目前互联网金融行业的发展状况，信用风险的测度是经营企业存续以及行业健康发展的关键，而且该领域的研究成果也非常匮乏，这也是本部分展开研究的初衷和价值所在。

（一）互联网金融信用风险测度研究发展与现状

由于互联网金融行业发展至今 30 年，金融功能和互联网技术不断融合演进，互联网金融发展经历了不同的阶段，每个阶段主流的业务模式也有所区别，互联网金融信用风险测度研究现状主要表现在以下五个方面：

1. 不同阶段，信用风险测度研究对象不同

互联网金融行业发展时间很短，业务模式随着金融功能和互联网技术不断融合演进而不断变化，因此，信用风险测度的研究对象在不同阶段，侧重点也有所不同。第三方支付最早出现，但因为和传统模式类似，信用风险测度和控制方式改变较小。随着P2P借贷模式成为阶段发展重点，研究成果较为集中在该业务模式，受国外网络借贷研究角度启发，研究成果丰富，研究重点偏重互联网技术，给网络借贷带来了变化，在业界也加大研发投入，积极探究测度信用风险的有效方法，但由于国内尚未建立健全的社会信用体系，以及信息共享和网络安全意识比较欠缺，该模式信用风险测度和控制的效果并不显著。目前，互联网金融行业处于牌照准入，混业经营阶段，经营企业与整体行业信用风险的测度与控制成为业界和学术界的研究重点。

2. 行业发展重视盈利性、忽视安全性，对信用风险测度研究关注不够

互联网金融作为金融创新力量，带着缓解原有金融体制结构矛盾的使命，出现初期减轻金融压抑有一定作用，发展重点在于互联网技术带来的普惠改变方面，对互联网金融具体业务模式盈利性的关注超过安全性。而且随着互联网技术不断变化，人们的认知尚处在不断提高过程中，信用风险测度研究基本处于非常浅层的拿来主义，忽略其金融本质属性，《巴塞尔协议》对传统金融信用风险安全性重于盈利性的原则，还未在互联网金融行业得到关注。

3. 传统金融信用风险测度研究问题同样存在于互联网金融行业

传统金融信用风险测度研究存在的问题也同时存在于互联网金融业务经营主体信用风险的测度研究中。传统金融信用风险测度研究存在许多问题：由于金融市场尚不完善，存在信息披露不够规范和信息失真现象，影响测度数据准确性；金融市场历史评级数据信息相对匮乏，信用评级机构业务水平参差不齐，内部和外部信用评级研究还不完善，评级结果的可靠性和权威性不足；金融机构内部数据积累不足，信用风险测度方法和模型相关金融数据匮乏，尤其是高级模型所需的数据周期长、参数多，我国数据不足，积累不够，影响准确性；全国统一的企业和个人信用体现以及基础数据库还在建立过程中。而且与传统金融相比，互联网金融信用风险测度研究无论是数据积累还是技术经验都更加薄弱。

4. 业界的发展速度超过学术界研究进展，信用风险加剧

由于互联网金融业务发展变化较快，业务模式不断变化，学术研究基础通常需要较长时间，所以互联网金融信用风险测度的学术研究与业界发展相比，相对滞后。而且由于其互联网基因，信用风险和传统金融相比，在网络中传播速度更快，波及面更广，社会危害更大，加上社会信用体系尚未健全，相对滞后的信用

风险测度学术研究和业界研发进展都未能将互联网金融信用风险控制在一定安全范围内，互联网金融行业在 2015 年爆发行业信用危机，监管当局对信用风险较大的业务模式进行风险出清。

5. 缺乏对互联网金融业务经营主体和整体行业信用风险测度的研究

互联网金融行业 2018 年后进入规范发展时期，行业牌照准入，混业经营，金融本质受到重视，监管趋势转变为金融和科技互归本源，开始重视互联网金融业务经营主体和行业整体信用风险的测度研究。但是根据第一章的学术研究综述发现，目前学术界信用风险测度的研究成果主要集中在具体业务模式，对互联网金融业务经营主体和行业整体信用风险的测度研究非常匮乏，处于零星几篇期刊论文，缺乏系统性有逻辑结构的测度实证研究，以及结合行业特征和理论本源的深入分析。

（二）互联网金融信用风险测度研究方法与模型选择

根据本书前面部分对互联网金融信用风险测度研究的理论梳理与现状回顾发现，对互联网金融业务的经营主体和行业整体信用风险测度研究在理论和实证方面都具有一定价值。通过回顾互联网金融信用风险测度研究的发展历史，本书发现，信用风险测度技术的开发过于重视互联网技术而忽视金融本质，经过第二章的理论梳理证实，互联网金融的金融本质属性未变。基于此，本章根据互联网金融行业发展状况、互联网金融业务的经营主体特征以及信用风险测度研究成果，选择适合互联网金融信用风险测度研究的方法和模型，对互联网金融业务的经营主体构建测度研究的实证框架。

本书研究目的在于通过主要信用风险测度方法或模型对互联网金融业务经营主体进行实证研究并结合其具体情况，分析违约概率的测度结果对互联网金融业务经营主体信用风险大小的反应及预测状况。通过前文信用风险测度方法的回顾，最常用的违约概率测度方法大致有以下三种：①基于数据和经验的专家信用评级方法；②基于财务数据的违约概率测度方法；③基于资本市场数据的违约概率测度方法。前文从理论基础和数据要求对上述信用风险测度方法和模型进行比较和总结。专家信用评级方法主要针对贷款信用风险的评定，需要经验丰富的专家，较长的历史发展积累，这显然不适合互联网金融业务经营主体的信用风险测度。以下从基于财务数据以及基于资本市场数据的违约概率测度方法两个角度进行分析。

基于财务报表数据的违约概率测度的基础方法主要有三类：判别分析、回归分析和人工智能方法。在人工智能方法的研究系统里，模型设计和参数构造都比较复杂，缺乏建模的理论基础，无法深入分析，预测精确度较高但容易过拟合，而且结果滞后，模型类型相对复杂且适用范围也较为狭窄，所以本书不选择将该方法列入互联网金融业务经营主体测度的实证研究框架。判别分析和回归分析都是统计学方法中已经得到验证且在业界传统金融机构应用广泛的模型，财务数据可得且可靠，构建的模型可能比较基础但却很实用，预测精确度较高，一方面，模型满足互联网金融业务经营主体信用风险测度要求的可能性较大；另一方面，随着模型使用时间的增加和相关数据的累积，或升级，或在此基础上开发更为先进的模型都较为便利。所以本书选择判别分析模型和 Logistic 回归分析模型对互联网金融业务经营主体信用风险进行实证研究，验证此类模型在业界测度互联网金融行业信用风险的可行性。

基于资本市场数据的违约概率测度方法是建立在现代金融理论基础上的，实证结果可以基于其理论基础进一步深入分析，所以作为测度研究的实证框架也将选择其中一种模型对互联网金融业务经营主体进行测度实证研究。这类模型包括 KMV 模型、Credit Metrics 模型、Credit Risk+ 模型、Credit Portfolio View 模型等。在第三章后半部分对这些测度模型优缺点和适用性进行了详细的阐述说明，发现这几种常用的信用风险测度模型之间的区别还是比较明显的。具体来说，Credit Metrics 模型需要长期大量的企业历史违约数据、跨行业数据组以及特殊行业指数等，作为发展时间很短的互联网金融行业显然不具备这样的研究条件。Credit Portfolio View 模型是 Credit Metrics 模型的延伸，不仅需要历史违约等数据，同时还依赖很多国家宏观经济数据，所以具体应用也存在数据的困难。Credit Risk+ 模型相对来说要求输入的数据较少，只要求风险暴露水平和研究对象的违约概率等，但模型假设测度对象业务之间是独立性的，这与目前混业经营状态不符。虽然 KMV 模型需要历史违约数据来建立违约距离 DD 与预期违约率 EDF 之间的映射关系，互联网金融行业暂时没有，但是违约距离本身就是评价信用质量很好的指标，不仅反映违约与否，还能看出信用风险大小，是互联网金融业务经营主体以及整体行业信用风险监测的有效金融工具。

同时，虽然 KMV 模型是从期权定价角度设计信用风险测度模型的，但是最符合信用风险形成原理"资产小于负债，企业面临信用危机"，而且数据基于资本市场，既可以反映行业投资者预期，利率等指标，又可以反映宏观环境变化。所以，基于 KMV 模型本身特点，并且结合前文对互联网金融信用风险形成原因和特点的分析，以及经营主体和行业信用风险监测的需求，本书选择最符合信用风险形成原理的 KMV 模型作为实证研究框架的一部分，代表数据来源于资本市场并且具有理论基础可以深入分析的模型。同时，KMV 模型违约距离本身可以作为评价信用质量的很好指标，不仅反映违约与否，还能看出信用风险变化和大小，是互联网金融业务经营主体以及整体行业信用风险监测的有效金融工具，根据违约距离的变化可以判断信用风险大小，为互联网金融业务经营主体存续经营以及整体行业健康发展提供有效的参考依据。

综上所述，根据互联网金融行业经营条件和社会环境，结合业务主体经营特点和数据可得性，本书选择判别分析、Logistic 模型回归分析以及 KMV 模型构建互联网金融业务经营主体信用风险实证研究框架。该框架既考虑基于财务数据，数据可得性较强且业界应用较广的数理统计模型，还考虑具有理论基础、基于资本资本市场数据和宏观经济数据，最符合信用风险形成原理，便于深入分析和信用风险监测的 KMV 模型。实证研究的框架能够符合本书研究的主要目的，希望探寻已有成熟的信用风险测度工具在互联网金融业务经营主体为研究对象上应用的可行性、准确性，以测度结果分析互联网金融业务主体及行业整体信用风险的特点，以及研究测度工具改进的实证探究，为互联网金融业务的经营企业和行业整体提供存续经营、健康发展的建议。

三、互联网金融信用风险测度研究安排

在前文分析的基础上，本书确定了互联网金融业务经营主体信用风险实证研究框架，包括基于财务信息基础上的多元线性判别模型、Logistic 非线性回归模型以及基于现代金融理论基础上的 KMV 模型对互联网金融业务经营主体样本数据展开实证测度的研究、分析和模型的改良。基于数据可得性和可靠性，以及互联网金融混业经营的行业现状，本书研究样本选择符合互联网金融行业发展、稳定经营互联网金融业务的上市公司。具体安排如下：

第四章采用多元线性判别模型、Logistic 非线性回归模型对我国互联网金融业务经营主体信用风险测度进行实证研究。通过比较分析实证测度结果，判断多元判别以及 Logistic 回归模型对研究对象信用风险的判别能力、超强预测能力，探讨模型对研究对象测度的可行性和改良的可能性。

第五章、第六章采用 KMV 模型对互联网金融业务经营主体信用风险测度进行实证研究。通过 KMV 模型的违约距离指标判断有三个：①该模型是否具有识别互联网金融业务经营主体信用风险的能力；②对 KMV 模型的六大关键变量进行敏感性分析，找到 KMV 模型中对互联网金融行业较为敏感的影响变量；③对该变量进行准确度的改进，并使用优化之后的 KMV 模型，对信用风险进行测度研究，同时分析行业特点。

第七章从宏观和微观角度研究互联网金融信用风险测度结果应用的可行性。在微观角度上，考虑将信用风险测度结果以及流动性、营利性、资本结构和成长性方面的指标作为自变量，财务业绩指标作为因变量进行回归分析，实证研究自变量与因变量之间的相关性，为互联网金融业务的经营企业在控制信用风险与取得良好财务业绩之间取得平衡提供思路。在宏观角度上，首先，剖析互联网金融信用风险测度结果与监管政策变化的关系，探讨 KMV 模型作为监管当局监测互联网金融信用风险变化的金融工具的可行性。

本章小结

本章在第一部分对互联网金融信用风险的内涵、特点、影响因素进行分析。

首先，从互联网金融风险的定义与类别开始，就互联网金融信用风险概念进行分析后提出，该风险不仅囊括了借贷行为有关的违约风险，而且还泛指互联网金融经济合约中任何一方信用状况发生变化使另一方资产价值发生变化而蒙受损失的可能性。同时，界定了本书的研究对象是互联网金融业务经营主体的信用风险，具体指在经营过程中，互联网金融业务经营主体的财务状况发生改变甚至破产可能导致的信用风险。由于互联网金融行业处于牌照准入、混业经营的现状，本部分的研究具有一定的现实意义。

其次，通过和传统金融相比较，分析认为互联网金融业务经营主体具有和传统金融类似的信用风险特点，包括兼具系统性与非系统性特点、收益与损失分布的概率具有不对称性、观察数据获取困难等，还具有互联网基因带来的特点，包括信用风险突发性更为迅速，破坏性更强；信用风险可控性变差，涉及面更广；信用风险受市场预期影响更大，信用悖论现象更为严重。

最后，从理论基础、实践经营、宏观以及微观角度分析互联网金融业务经营主体的信用风险形成影响因素。

本章对信用风险的测度理论与方法进行评述，分析互联网金融信用风险测度研究现状，并构建实证研究框架。通过分析发现互联网金融业务经营主体信用风险测度研究现状存在以下两个问题：①信用风险测度研究对象不同、行业发展重视盈利性忽视安全性；②信用风险测度研究关注不够、传统金融信用风险测度研究问题同样存在于互联网金融行业、业界的发展速度超过学术界研究进展、缺乏对互联网金融业务经营主体和整体行业信用风险测度的研究。通过评述传统金融信用风险成熟的测度方法，构建本书第四章至第六章的研究框架以及第七章测度结果的应用研究。实证研究从互联网金融信用风险违约状态的判定与测度角度展开，第四章运用多元线性判别模型与 Logistic 非线性回归模型对互联网金融违约状态进行判定，第五章使用 KMV 模型对互联网金融行业数据进行信用风险的测度，特别是违约测度的实证分析，第六章使用 GARCH 模型与 EGARCH-M 模型对 KMV 模型进行改进，第七章采用改进后的模型对互联网金融信用风险进行测度后，从宏观和微观角度进行应用研究。

互联网金融信用风险违约状态判定的实证研究

第一节　研究问题的提出

按照第三章研究框架安排，本章选择在业界传统金融机构应用广泛的多元判别分析模型和 Logistic 回归分析模型对互联网金融业务经营主体信用风险进行实证研究。根据前文分析可知，互联网金融和传统金融相似，都具有金融属性，由于此类模型已在传统金融机构实务应用中得到验证，满足互联网金融业务经营主体信用风险测度要求的可能性较大。同时，模型的构建也符合基本的统计学原理，模型采用的财务数据具有一定的可得性和可靠性，这些都为本书采用此类模型奠定扎实的前期研究基础。此外，随着此类模型研究的深入以及在互联网金融行业应用时相关数据的累积，升级或开发更为先进的模型都具有一定的可行性。所以本章选择判别分析模型和 Logistic 回归分析模型对互联网金融业务经营主体信用风险测度进行实证研究，一方面，有助于验证此类较为基础的模型在互联网金融行业测度信用风险的可行性；另一方面，对于探寻经营互联网金融业务企业风险控制以及行业整体的健康发展具有一定的实践意义。

多元判别分析是指从代表测度对象特征的财务比率内，通过变量的有效筛选，进行辨别函数建立任务，由于这些筛选出来的变量能提供测度对象较多的信息，所以以此构建的判别模型对同类对象进行判别，出错率较低。Fisher（1936）按照"组间方差大，组内方差小"的思路创立了给总体分组的判别分析方法。其后，Durand（1941）运用此判别分析技术，将两种类型的消费贷款有效分开。Beaver（1966）做出的破产预测模型具有开创性。美国学者 Altman（1968）成功地开发出五个变量的 Z-score 模型，对借款企业实施信用评分并与临界值比较来判定是否贷款。Altman（1974）将对传统 Z-score 模型进行调整，即引入两个其他变量，最新打造的模型开始在专业领域得到广泛应用。Scott（1981）在对比实证研究结果条件下，最终证明 Zeta 模型满足最优化发展要求。多元判别模型历史悠久，在国外广泛使用，我国的研究成果也非常丰富。使用方法大同小异，因为方法相对简单易懂。例如，陈静（1999）将相同数量的 ST 以及非 ST 公司作为研究对象，针对 1995~1997 年的财务数据展开全面分析，其中，单变量以及线性辨别分析即是核心关注对象，构建了 6 个财务指标判别模型，最终得到的 ST 正确率为 92.6%。张玲（2004）选取多家经营业绩良好以及 ST 公司进行财务数据分析，打造了线性辨别模型，其中，共有 30 家 ST 公司接受了五年发展预估，准确率分别为 100%、87%、70%、60%、22%。后续很多学者继续用这方法进行研究，但较之以往专家的研究重点来讲发生了变化，将研究重心置于财务指标数据的高维性和高相关性的降维等方面，或者直接使用 Z-score 模型测度财务风险后结合其他角度展开分析。例如，白皡柏（2024）使用 Z-score 模型研究瑞幸咖啡在财务舞弊前、中、后三个时期财务风险的发展趋势。陈小龙等（2023）对河南省文化旅游投资集团的财务风险进行 Z-score 模型的测度与评分。

客观来讲，基于 Logit 模型的假设条件较为宽松，而多元判别分析方式的假设则与之截然相反，诸如对自变量提出要服从正态分布的要求等，Logit 模型在 1944 年被 Berkson 最早使用。Martin（1977）从 1970~1977 年 5700 家美联储银行中以财务困难程度为选取方式进行选取，从中挑选出 58 家银行，从 25 个财务比率指标中进行筛选，最终完成 Logit 模型的构建任务。模型中共包含 8 项财务指标，能够在违约概率估算阶段内充分发挥自身作用。通过研究表明，在预测能力方面，Logistic 模型较之 Z-Score 模型、ZETA 模型等更具有突出优势。Engelmann 等（2003）将中小企业作为研究对象，并最终打造了大样本，通过两种模型实证比较分析操作，最终发现 Logit 模型所具备的优势特征体现更为明显。Cramer（2004）研究证明，针对违约概率进行评估，Logit 模型对高端组的评估值相对更低，而低端组评估结果却完全相反，并将其作为参考依据，逐步对 Logit 模型边界进行优化调整。通过调查能够发现，国内研究人员也针对 Logit 模型开展全面探究操作。李志辉和李萌（2005）通过选取 195 家上市企业作为研究样本并就此构建了线性判别模型、Logit 模型以及神经网络模型来予以分析；卢永艳和王维国（2010）建立了基于面板数据的 Logit 模型进行财务困境预测。梁琪（2005）、宋遂周和江彤（2009）等在 Logit 模型变量筛选阶段内，充分发挥主成分分析效用。张颖和马玉林（2010）等将模型分析与因子分析方式有效结合在一起。陈晓兰和任萍（2011）将 AHP 与 Logistic 回归共同投入使用阶段，并形成了全新的混合研究模型，其预测正确率为 93.3%。

随着互联网金融行业的发展，多元判别分析模型以及 Logit 模型被用于其不同业务模式的信用风险研究上，只是在变量选择上不再局限于财务报表数据，还加入平台或借款人的其他特征指标。如 P2P 业务模式，平台开展信用风险是指标测量阶段内，王丹和张洪潮（2016）认为，指标选择不仅应该定量与定性相结合，而且要多维度考虑；郭海凤和陈霄（2015）认为，不仅要选取和平台自身有关的指标，网贷参与者的指标也很重要；姚畅燕和吴姗姗（2016）则建议从宏观和微观两个层面挑选指标；张成虎和武博华（2017）表示，应当将软信息内容涵盖其中。在考虑企业信用风险指标选择时，孙海莹（2015）认为，可以从企业管理者情况、企业经营状况、企业发展前景、企业偿债能力和企业信用记录五个方面考虑指标的选取；李鑫（2019）认为，要结合资金成本和时间成本因素。区别于 P2P 模式，供应链金融的融资对象虽然也是企业，但是指标的选取从整体供应链的角度出发，增加对核心企业资信水平、供应链运作状况等方面的考虑，同时融入线上化因子，例如，匡海波等（2020）认为，指标应该包括申请人资质、交易对手资质、融资项下资产状况和供应链运营情况等方面。

在对信用指标数据的高维性和高相关性的降维上，层次分析法、因子分析法和主成分析法最为普遍。张成虎和武博华（2017）通过层次分析法与决策实验室法（DEMATEL）相结合确定指标体系的最终权重。康峰等（2019）等通过层次分析法确定指标权重后，构建基于模糊数学综合评价方法的定量指标评价模型和基于专家评分表的定性指标评价模型。杨洋洋和谢雪梅（2019）结合神经网络判别法和层次分析法基于时间帧测度构建电商网贷动态信用评级模型。在 P2P 模式指标筛选赋权时，井浩杰和彭江艳（2019）利用主成分分析模型结合熵权法和方差百分比赋权；陈为民等（2019）在主成分分析基础上结合偏最小二乘回归；徐荣贞和王华敏（2018）将熵权法和 CRITIC 法相结合。在供应链金融指标筛选方面，匡海波等（2020）使用偏相关—方差分析法进行第一次筛选，风险因子鉴别最优原理，再通过逐步神经网络遴选；鞠彦辉等（2018）使用盲数评价模型创建指标体系。

在完成对信用指标数据的降维后，有的学者使用能代表研究对象大部分信息的变量建立信用风险测度和预警模型。回归模型因其数据要求较低、计算简便、变量解释能力强，经常被学者采用。阮素梅和周泽林（2018）将 LASSO 思想与 Logit 模型相结合，建立 L1 惩罚 Logit 模型，能够得到比支持向量机模型、普通 Logit 模型更好的预测效果。支持向量机模型对数据缺失较敏感，应用到大样本数据也有一定局限。程晖和董小刚（2018）通过对比逻辑回归、决策树、随机森林、支持向量机模型的准确率、正例命中率、模型的可解释性等方面，最终选取逻辑回归模型来预测信用风险。蒋先玲等（2020）通过实证比较 SMOTE-RF（随机森林）、C-SMOTE-RF、Logistic、随机森林（RF）四种信用风险判别模型后发现，C-SMOTERF 模型显得更加有效。

综上所述，经过第二章的理论溯源，互联网金融业务的经营主体实质上类似于传统金融机构，提供混合的金融服务，金融本质属性不变，而现有对其信用风险的测度研究偏重于互联网金融的具体业务模式和互联网基因，所以本章使用经典的基于财务信息基础上的多元判别分析模型和 Logistic 模型作为实证研究工具，对互联网金融业务的经营主体进行信用风险测度研究。

第二节　模型原理

一、多元判别分析模型

多元判别分析模型是指在已知观测对象分类和特征变量值的前提下，按照某种判别准则从若干表明评价对象特征的变量中筛选出能够代表较多信息的变量来建立判别函数，由此推导出错判率最小的判别模型，并将这模型运用到同类中进行判断的方法。多元判别分析的基本要求是解释变量必须是可测量的。多元判别分析还要满足以下三个假设条件：一是判别变量之间不存在多重共线性；二是各类变量的协方差矩阵相等，以便计算判别函数和进行显著性检验；三是各判别变量之间多元正态分布，以确保显著性检验值的精确计算和分组归属的概率。多元判别分析是从同质子集中分离并归类出同质总体，即针对不同群组的样本，找到能够将各个独立个体按其特征区分开来归属应有的群体的最有效分类法则和判别函数。判别准则的使用就是为了达到这个目的，包括距离判别法、Bayes 判别法和 Fisher 线性判别法等几种常用方法。本书主要使用 Fisher 线性判别法。

Fisher 线性判别法是 Fisher 于 1936 年提出来的，通过线性变换或线性组合来寻找一个投影方向，将高维问题降低到一维问题来解决，同时在变换后的一维数据具有"同类样本尽可能聚集在一起，不同类样本尽可能远"的性质。

（一）Fisher 线性判别法的基本思想

本书就该方式的基本思想做出如下阐述，将已知分类样本的观察指标进行诸多彼此间呈现为正交的综合指标的构建，而这些综合指标能够满足分离不同类型个体要求，之后进入不同类型综合指标计算步骤。

设包含总体类型为 K，从第 r（r=1，2，$\cdots$，k）类样品中进行随机选择，最终确定的样品数量为 n，$n=n_1+n_2+\cdots+n_k$。每个样品对应的观测指标数量为 p，表述方式为 $X=(x_1, x_2, \cdots, x_p)'$，则可构造判别函数：

$$Z = \beta_1 x_1 + \beta_2 x_2 + \cdots + \beta_p x_p = B'X \qquad (4-1)$$

其中，$B=(\beta_1, \cdots, \beta_p)'$，为观察指标 $X=(x_1, x_2, \cdots, x_p)'$ 的系数，研究领域也将其称之为判别系数。假定 B 表示已知项，将 n 个样品引入到式（4-1）计

算过程中，最终对样品的Z值进行计算。具体计算流程为：$\bar{\mu}_r$为第r类中n个Z值的均数，σ_r^2为第r类中n_r个Z值的标准差，$\bar{\mu}_r$为n个Z值的总平均数，则Fisher判别的思想是选取系数向量B，使λ达到最大。

$$\lambda = \frac{n_1(\bar{\mu}_1 - \bar{\mu})^2 + n_2(\bar{\mu}_2 - \bar{\mu})^2 + \cdots + n_k(\bar{\mu}_k - \bar{\mu})^2}{q_1\sigma_1^2 + q_2\sigma_2^2 + \cdots + q_k\sigma_k^2} \qquad (4-2)$$

其中，q_1表示人为的加权系数，其应当为正值，A表示类间离差阵，E表示类内协方差阵。通过计算我们能够发现，如果λ达到顶峰值，那么B与λ所形成的关系即是：

$$AB = \lambda EB \qquad (4-3)$$

即λ和B恰好是矩阵A和E的广义特征根和其他特征向量。通常情况下，方差矩阵需要满足正数要求，因此，上述公式的非零特征根个数m需要满足的条件即是：$m \leqslant \min(k-1, p)$，又因为A为非负数的，所以非零特征根必为正根，将m个特征根排序，记为$\lambda_1 \geqslant \lambda_2 \geqslant \cdots \geqslant \lambda_m > 0$，于是可以构造$m$个线性判别函数。

$$Z_i = B^{(i)\prime}Xi = 1, 2, \cdots, m \qquad (4-4)$$

以辨别函数为基础，开展样本分类操作。其中Fisher线性判别法并未形成固定的分类方式。具体应用阶段内，参照实际情况，在加权或者不加劝的分类方式中进行选择，并最终确定临界点，即研究领域所强调的分界点。

（二）不等协方差阵的两总体Fisher线性判别函数的基本结构

假设包含两种类型的主体，分别为G_1，G_2，从中进行观测指标样本数据的抽取，而对应的协方差矩阵通过$\sum_1$，$\sum_2$，$\sum_1 \neq \sum_2$进行表现，如果$\bar{\mu}_1$表示平均数，即是G_1的重心，那么$\bar{\mu}_2$为G_2的重心，对应离差表达方式即是$(\bar{\mu}_1 - \bar{\mu}_2)^2$。如果$G_1$和$G_2$内部的离散程度分别以$\sigma_1^2$和$\sigma_2^2$表示。基于上述分析能够发现，在就Fisher线性判别函数求解时，如果在经过投影后实现一维空间内诸多类型样本能够尽量分散，就要使$(\bar{\mu}_1 - \bar{\mu}_2)^2$数值尽可能提升；此外，尽可能达到不同总体内部密集要求，类内离差平方与$(\sigma_1^2 + \sigma_2^2)$数值越低，模型优势特征体现越为明显。将Fisher准则辨别要求充分考虑其中，对应函数计算公式总结为：

$$\lambda = \frac{(\bar{\mu}_1 - \bar{\mu}_2)^2}{\sigma_1^2 + \sigma_2^2} \qquad (4-5)$$

在计算结果中选择最大数值。参照极值原理，对 β_1，$\cdots$，β_p 数据进行计算，最终确定线性辨别函数的最优表达方式。由于这里主要针对两种类型主体进行分析，包含的判别函数数量为 $m \leqslant \min(k - Ip)$，则可得 1 个线性判别函数：

$$Z = \beta_1 x_1 + \beta_2 x_2 + \cdots + \beta_p x_p \qquad (4-6)$$

以线性判别函数为基础，Z^* 即代表临界点，如果两种类型主体的先验概率完全一致，通常会使用加权法对 $\overline{\mu}_1$ 和 $\overline{\mu}_2$ 进行加权平均计算，具体公式总结为：

$$Z^* = \frac{n_1 \overline{\mu}_1 + n_2 \overline{\mu}_2}{n_1 + n_2} \qquad (4-7)$$

判别规则如下：如果原始数据计算的 $\overline{\mu}_1$ 与 $\overline{\mu}_2$，μ_1 数值大于 μ_2，那么在函数中引入 $X=(x_1，x_2，\cdots，x_p)'$ 公式，最终计算结果为 Z，如果 $Z > Z^*$，那么判为 $X \in G_1$；如果 $Z < Z^*$，那么判为 $X \in G_2$。如果 $\overline{\mu}_1 < \overline{\mu}_2$，且 $Z > Z^*$，那么判为 $X \in G_2$；如果 $Z < Z^*$，那么判为 $X \in G_1$。

费希尔判别需假设不同组别的协方差矩阵不存在任何差异，则费希尔判别与协方差矩阵对距离的判别结果是完全相同的，包括先验概率与误判代价的最终表现。

二、Logistic 回归模型

在实际处理中，通常要针对某一事件以何种概率发生或者概率发生的程度受到何种因素影响等问题予以分析。如果因变量为分类变量，且因变量为 0 或者 1 的分类定性变量时，那么无法通过线性回归分析方式对其进行有效处理。以线性回归分析操作为基础，由于因变量必须满足正态分布要求，而且属于连续随机变量，但上述问题中，因变量达不到连续随机变量要求，所以，如果继续采用线性回归分析方式，则很容易导致众多问题产生：①概率可能落在区间 [0，1] 之外，与所设定的假设条件相背离；②误差项不具备正态性且不满足一般回归分析的假设要求；③误差方差不属于正常数，回归分析的普通最小二乘法估计法也无法满足最优解要求。客观来讲，尽管可使用多元判别分析方法来就分类数据的统计分析予以处理，但基于该方法有着集中严格的假设条件，而假设无法在实际问题解决过程中被证明有效成立。与此同时，无论是多元回归分析，还是多元判别分析，均无法就事件的发生概率予以直接回答。综合考量之下，Logistic 回归分析和 Probit 回归分析两种分析方法基于并未有着较为严格的假设条件，其能够对事件发生概率予以直接回答，使其就分类变量问题的处理方面有着突出优势。

$$\text{odds} = \frac{p}{1-p} = \Omega \qquad (4-8)$$

考虑发生比 Ω 的自然对数 $\ln\Omega$，当发生比 $\Omega = 1$ 时，则 Ω 的自然对数的数值为 0；如果 Ω 数值大于 1，数值小于 1，那么自然对数会在短时间内迅速下降至 0。以自然对数为基础，完成相关数字模型构建任务（或称为 p 的"Logit"），则

$$\text{logit} p = \ln\Omega = \ln\frac{p}{1-p} \qquad (4-9)$$

对数发生比 $\ln\dfrac{p}{1-p}$ 代表了事件发生概率 p，其属于特殊特定函数管理范畴，其体现了 p 与 logit 的转变关系。"所谓 logit，意思是'Logistic 概率单位'，即英文 logisticprobabilityunit 存头取尾的缩写，logit p 可以称为'p 的 Logistic 概率单位'或简称为'logit p'。"假定 logitp 为预测变量 X 的线性函数：

$$\text{logit} p = \ln\Omega = \ln\frac{p}{1-p} = \beta_0 + \beta_1 x_1 + \beta_2 x_2 + \cdots + \beta_k x_k \qquad (4-10)$$

简记为 Logistic 回归分析。

假设事件 A，因变量 y 的两个取值对应了不同类型的定性变量。通过调查能够发现，很多自变量都会对 y 取值结果产生一定影响，具体记录方式为 $X = (x_1, x_2, \cdots, x_p)'$，这些变量可能同时包含定性以及定量两种变量。但是，二分类数据的最终计算结果只有两种可能，如果（$y = 1$）代表了事件发生概率；反之，不发生（$y = 0$）事件的概率即是 $1-p$，其中，p 即是此次研究工作的重点对象。针对该问题展开探究，先不考虑对概率 p 开展模型构建工作，而是要了解一个"发生比"（oddsratio），即 y 取值为 1 的概率对 y 取值为 0 的概率之比。

$$\ln\frac{p}{1-p} = \beta_0 + \beta_1 x_1 + \beta_2 x_2 + \cdots + \beta_k x_k \qquad (4-11)$$

就称式（4-11）表示线性 Logistic 回归。如果 $g(x_1, x_2, \cdots, x_k)$ 表示已知函数，其中含有若干待定的参数，具体表述方式为：

$$\ln\frac{p}{1-p} = g(x_1, x_2, \cdots, x_k) \qquad (4-12)$$

那么称式（4-12）为非线性 Logistic 回归。

开展 Logistic 回归操作，假设事件发生概率 p 与自变量关系服从 Logistic 函

数分布要求，则可以确保最终事件发生概率 p 始终在区间 $[0, 1]$ 内。而且自变量组合值有所改变，对应概率也会有所调整。大部分情况下，Logistic 函数以 $p=0.50$ 为对称轴，logitp 在对应位置数值为 0，在函数值不断靠近 $-\infty$ 状态下，p 数值也持续贴近于 0；相反，函数值不断靠近 $+\infty$，p 则更加贴近于 1。综上所述，我们可以将 Logistic 回归判别规则总结为：当 $\beta_0 + \beta_1 x_1 + \beta_2 x_2 + \cdots + \beta_k x_k > 0$ 时，将 A 归为 1 类；否则判为 0 类。

对 p 进行求解。取式（4-12）两边的指数函数得：

$$\frac{P}{1-P} = \exp(\beta_0 + \beta_1 x_1 + \beta_2 x_2 + \cdots + \beta_k x_k) \qquad (4-13)$$

其中，exp=e=2.718 为自然对数的底。而后对概率进行计算，最终通过另一种方式将 Logistic 回归方程表现出来，即

$$p = \frac{\exp(\beta_0 + \sum_{i=1}^{k} \beta_i x_i)}{1 + \exp(\beta_0 + \sum_{i=1}^{k} \beta_i x_i)} \qquad (4-14)$$

或者

$$p = \frac{1}{1 + exp[-(\beta_0 + \sum_{i=1}^{k} \beta_i x_i)]} \qquad (4-15)$$

通常 p 数值为 0.50 即代表临界值，则 Logistic 回归的判别规则即是：如果 p 数值在 0.50 之上，证明事件很容易发生，因此事件被纳入 1 类事件管理范畴；相反，则为 0 类事件。

Logistic 回归分析直接预测了事件发生的概率，概率值可以是 0 到 1 之间的任何值，但是必定落入 $[0, 1]$ 之内。虽然在 Logistic 回归分析中，概率 p 与预测变量 X 之间的关系不是线性的，是一种类似于 S 形的曲线。但是通过 Logit 变换后，发生比的自然对数可以得到线性关系，使 Logistic 回归在未知参数上呈线性形式。因此，Logistic 回归有效地解决了几个严重问题，例如，普通线性回归的概率预测值可能落在 $[0, 1]$ 之外、基于正态性假设的统计检验无效，以及二分类变量造成的异方差性等。

Logistic 回归的自变量可以是定量变量，还可以是定性变量，这使其具有独特的优势。随着研究的深入，以 Logistic 回归分析构建的模型（也称 Logit 模型），不仅在处理二分类变量问题时使用广泛，而且对于解决因变量是三个及其以上的

有序和无序多分类变量问题也十分有效。

第三节　财务指标和样本数据的选取

一、财务指标选取

综合考虑信用风险的各个影响因素，并借鉴我国财政部统计评价司的企业绩效评价指标体系，以及国有商业银行企业资信评估指标体系和国内外有关文献的相关财务指标，通过分类、汇总、整理。同时考虑数据的可获取性原则和可量化原则，选取了 32 个财务指标。具体可如表 4-1 所示。

与以往研究相比，本书选取指标的新颖之处在于将盈利能力和盈利质量同时考虑，重视现金流量指标。所有上市公司的财务指标数据来自深圳证券交易所网站（http://disclosure.szse.cn/main/ndbgqw.htm）、上海证券交易所网站（http://www.sse.com.cn/sseportal/ps/zhs/home.shtml）以及万德数据库。

表 4-1　财务指标体系

指标类别	财务指标名称（代码）	
短期偿债能力	流动比率（X_1）	现金比率（X_3）
	速动比率（X_2）	营运资本与总资产比（X_4）
长期偿债能力	资产负债率（X_5）	利息保障倍数（X_9）
	有形净值债务率（X_6）	固定比率（X_{10}）
	长期负债比率（X_7）	权益乘数（X_{11}）
	负债与权益市价比（X_8）	
经营能力指标	应收账款周转率（X_{12}）	固定资产周转率（X_{15}）
	流动资产周转率（X_{13}）	总资产周转率（X_{16}）
	存货周转率（X_{14}）	
盈利能力指标	营业毛利率（X_{17}）	息税前利润与总资产比（X_{20}）
	营业利润率（X_{18}）	净资产收益率 ROE（X_{21}）
	总资产净利润率 ROA（X_{19}）	
盈利质量	留存收益与总资产比（X_{29}）	经营活动净收益与利润总额比（X_{32}）

续表

指标类别	财务指标名称（代码）	
成长能力指标	营业收入增长率（X_{22}）	总资产增长率（X_{25}）
成长能力指标	主营业务收入增长率（X_{23}）	净资产增长率（X_{26}）
	净利润增长率（X_{24}）	
现金流量指标	现金流动负债比率（X_{27}）	销售现金比率（X_{30}）
	现金到期债务比率（X_{28}）	全部资产现金回收率（X_{31}）

资料来源：笔者整理总结。

1. 短期偿债能力

短期偿债能力反映企业所具备的短期债务偿还水平。针对短期偿债能力进行分析，研究对象包括流动比率、营运资金在总资产体系中所占比值等。在大部分情况下，短期债务偿还能力可以将企业在目前营业周期内，维持稳定经营状态的实际水平整体表现出来。在研究该论题过程中，选择的研究指标包括流动比率、现金比率等。其中，所谓流动比率即是指流动资产与流动负债的实际比值，即每单位流动负债可以拥有多少流动资产对其进行偿还。研究表明，企业流动比率与企业的短期偿债能力往往呈现出明显的正相关关系。但从某种程度来讲，企业的流动比率过高或与企业过量资金在流动资产账户滞留有关，说明企业资金利用效率较低，可能会影响企业获得能力。有些借款能力强的企业能够无须动用流动资产进行债务偿还，只是持续通过举债方式满足债务偿还要求，该类型企业债务成本并不会达到较高水平。研究领域将速冻比率称之为酸性比率，计算方式即是去除存货的流动资产与流动负债的实际比值。大部分情况下，其与流动比率共同使用，最终目的是对企业承担的流动风险做出有效判断。如果企业在某一时间内流动比率数值过高，那么并不会对短期债务偿还能力产生正向影响，究其原因，旨在企业存货与待摊费用不属于优质的短期偿债资源。现金比率分子是货币资金和有价证券，分母是流动资产，最能反映企业短期偿债能力营运资金与总资产比的分子即是营运资金，流动资产规模可以大于流动负债，或者情况完全相反。如果流动资产规模更大，那么证明企业可以利用流动资产进行长期债务偿还；如果为后者，那么正是企业长期资产通过流动负债予以支撑。

2. 长期偿债能力

长期偿债能力反映企业所具备的长期债务偿还水平。而长期偿债能力实际考察企业产生利润的能力，因为长期资产的使用效率直接体现在利润的增加程度上，从而为偿还长期债务提供保障。本书的研究选择资产负债率、有形净值债务率、固定比率以及权益乘数等。开展资产负债率计算工作，其等于负债与资产的实际比值，其可以将企业负债压力整体表现出来，同时也说明资产安全偿付债务的物质保障力度。有形净值债务率的计算即是负债与扣除无形资产权益的实际比值，其能够进一步说明债务安全偿付的物质保障基础。长期负债比率分子是长期负债，长期负债比率中，总产总额与长期负债分别为分母与分子，能够就企业的中长期负债比例予以直观印证。如果企业的长期负债比率较高，那么客观证实企业有着较强的长期负债资金能力，也从侧面反映出企业长期面临较大的债务压力。负债与权益市价比分子是长期负债，分母是所有者权益市价，反映长期资金对长期负债的保障能力。利息保障倍数分子是息税前利润，分母是利息费用，反映企业在某种特定盈利水平支付下的债务偿还能力，信息保障倍数越大说明企业越有足够的能力偿付利息，同时也反映企业偿还本金的能力。在固定比率中，所有者权益与固定资产净值分别为分母与分子，能够就企业偿债能力与投资规模予以直观印证。一般来讲，如果该值低于100%，那么侧面证实企业的财务结构相对安全，否则有可能是资本规模有限，最终对企业所具备的长期债务偿还能力造成极大的不良影响，或者固定资产膨胀现象严重，而且流动性表现严重不足，从而影响企业的未来偿债能力。权益乘数分子是总资产均值，分母是净资产均值，反映企业借贷情况。

3. 经营能力

经营能力反映企业经营活动的效率。本书选取应收账款周转率、流动资产周转率、存货周转率、固定资产周转率、总资产周转率。应收账款周转率计算方式即是主营业务收入与应收账款平均数的实际比值，其可以将企业在该年度应收账款转化频率整体表现出来。研究证实，应收账款周转率与企业应收账款回收速度间呈明显的正相关关系，如果企业由太多资金在应收账款上滞留，那么会对企业日常资金周转造成严重影响，增加坏账损失和利息支出。流动资产周转率计算方式即是主营业务收入与存货净额的实际比值，其体现的主要为企业流动资产周转速率，一般随着周转次数增加，证明流动资产额实现的周转规模越大，最终说明销售能力越强，流动资产使用效率高，所以提高流动资产周转率，在合理控制流动资金成本基础上，利润收益空间也得到全面扩大。存货周转率的计算方式为营业成本与存货净额平均数的实际比值，其能够对企业在该年度内的存货资产周转速率进行有效评估。一般情况下，随着存货周转率逐步提升，存货周转速度也会明显上涨，证明企业在存货流动性方面并不存在明显问题，而且资产可以很快变现；相反，存货周转率数值较低，证明企业存货中包含很多滞销商品，其占用了大量流动资金，最终导致企业承担巨大经营风险压力。固定资产周转率分子是营业收入，分母是固定资产净值均值，能够就企业固定资产向产生收入能力的强弱予以直观印证。研究表明，企业固定资产周转率与周转天数之间形成方向作用关系。其证明在公司资产利用率持续提升状态下，其所具备的收益能力也会持续上涨。总资产周转率分子是营业收入，分母是总资产均值，衡量企业全部资产通常以效率指标作为参考依据，在数值持续提升状态下，证明周转速率相对较高，即企业拥有众多可利用资金，其也可以创造更大规模的利润收益。

4. 盈利能力

盈利能力与企业收益空间相关。该论题研究阶段内，选择的指标对象包括营业毛利率、总资产净利润率 ROA、息税前利润与总资产比、净资产收益率 ROE 等。营业毛利率分子是营业收入，分母是营业成本，能够就企业的总体盈利能力予以直观印证。在营业利润率中，营业收入与净利率分别为分母与分子，能够就企业利润获取能力予以直观印证，企业的盈利能力与信用风险呈现出明显的负相关关系。总资产净利润率分子是净利润，分母是总资产，反映总资产获取利润的程度。总资产报酬率即是指纳税前利润与总资产的实际比值，其能够就企业的价值创造能力予以直观印证。一般来讲，企业总资产报酬率与企业资源价值创造、企业获利能力、企业偿债能力等均呈现出明显的正相关关系。净资产收益率计算即是净资产与净利润的实际比值，其通常可以对股东权益所具备的收益能力与资本运营的综合效益进行直观印证，在就企业盈利能力的衡量方面有着关键作用。研究表明，企业净资产收益率与企业运营效益以及对企业债权人与投资人的保障程度等均呈现出明显的正相关。

5. 盈利质量

盈利质量能够就企业所获利润的质量予以直观印证。本书选取留存收益与总资产比、经营活动净收益与利润总额比。留存收益作为企业资本来源中最为关键的一项，源于企业净利润中并未给所有者予以分配得以保留并不断进行内部积累的一种资本，是对企业在投资收益总量的直观印证。一般来讲，企业收益总量与企业的积累率间呈现出明显的正相关。经营活动净收益即等于企业净收益与利润总额的比值，主要反映企业利润总额由经营活动带来的收益。

6. 成长能力

成长能力也称之为发展能力，其主要是指企业在经营活动开展阶段内，通过规模扩大使自身潜在能力得到相应挖掘，最终将企业后续发展趋势整体表现出来。本书选取营业收入增长率、主营业务收入增长率、净资产增长率、总资产增长率、净利润增长率。营业收入增长率分子是本期营业收入与上期营业收入的差额，分母是上期营业收入，其通常与企业经营状态、市场开拓能力相关。从研究结果能够看出，随着企业营业收入增长率的不断提升，企业市场发展空间也相对更大。对主营业务收入增长率产生影响效用的关键性因素包括业务收入水平以及当期与上期的营业收入差值。其通常反映企业经营主业带来的收益增长情况。净利润增长率分子是本期税后利润与上期税后利润差额，分母是上期税后利润，该指标体现企业的发展能力。在大部分情况下，随着净利润增长率的提升，证明企业收益增长速率很快，简单理解既是资产盈利能力保持一个相对较高的发展水平，也是市场竞争力的体现。总资产增长率分子是分母与分子分别为上期总资产、总资产与上期总资产差额，该比率能够就企业总资产规模的增长变化情况予以直观印证，是对企业发展能力的集中显现。一般来讲，总资产增长率与企业资产经营规模扩张速度呈现出明显的正相关关系；另外，企业资产规模的扩张要保证质量避免盲目扩张。净资产增长率与本期净资产以及上期净资产差额相关，其可以将企业净资产变化状态具体表现出来。开展企业资产保值增值能力评估操作，该指标影响作用十分显著。如果企业能够维持合理的企业净资产收益率与净资产增长率，那么预示着企业后续发展势头强劲。

7. 现金流量

现金流量反映信用风险的最重要指标之一，反映企业存续经营情况。本书选取现金流动负债比率、现金到期债务比率以及资产现金回收率等指标进行分析。在现金流动负债比率中，其分母与分子分别为年末流动负债、期末经营性现金净流量，其主要从现金流量等方面入手，展现企业所具备的短期债务偿还水平，随着指标数值的持续提升，证明企业在生产经营活动开展阶段内，能够形成大规模的流动资金，因此到期债务的偿还并不存在严重问题。在部分情况下，流动资金利用率较差，则很容易导致对应比率过高。而现金到期债务比率体现的主要为现金流对偿还到期长期债务的保障。销售现金比率分子是期末经营性现金净流入，分母为营业收入，其代表现金在企业销售收入系统中所占的实际比值。全部资产现金回收率分子是期末经营性现金净流量，分母是总资产均值，反映企业生产经营创造的现金在总资产中的比重。

二、样本数据选取

互联网金融行业发展时间很短，业务模型不断变化，样本选取是本书难点之一。在选取样本时，笔者查询万德数据库，新浪财经发布的互联网金融概念股或构成互联网金融指数的股票，并确认该公司从 2017~2020 年持续经营互联网金融业务。共选取 121 家样本公司，其中在 2020 年被 ST 的有 18 家。在中国股市，

ST 公司是指经营阶段内出现以下四个问题：①连续两年会计年度审核的净利润收益均未达到正值；②最近一个会计年度审计报告证明股东权益明显落后于企业注册资本；③最近一个会计年度的财务报告无法被注册会计师提供肯定意见；④企业的财务状况被证监会认定为异常状态。由此看来，ST 公司在中国上市公司中可以被认为是财务状况预警或可能出现违约的公司。因此在样本中包含这类公司，训练出来的模型也含有互联网金融公司财务状况不正常的相关特征。

将 121 家稳定经营互联网金融业务的上市公司 2020 年的数据作为模型训练数据。由于互联网金融行业自身带有一定特殊性，而且存在时间相对有限，因此ST 公司利用 3 倍标准差剔除后仅剩 10 家，如果再划分训练集和预测集，模型训练和预测结果会随着不同的划分方法而发生改变，模型可能会不稳定。所以本书以 121 家稳定经营互联网金融业务的上市公司 2020 年 32 项财务指标作为模型训练数据，然后追溯之前三年的发展数据，通过模型建设等方式，对 ST 公司判别准确率进行有效评估。相关数据来自上市公司各年的年报数据。

第四节 多元判别分析模型的违约状态判定实证研究

下面先使用逐步判别方法从财务比率变量中选择变量，然后建立判别模型并确定分类临界值，最后对构建的模型准确性和超前预测能力进行检验。

一、变量筛选

将财务困境类 ST 公司的类别取值为 1，财务正常类公司非 ST 公司的类别取值为 0，财务指标作为自变量，使用统计分析软件 SPSS 的判别分析工具进行分析。

首先，对数据进行检查，剔除异常值。对 2020 年数据进行 3 倍标准差检验，剔除超过 3 个标准差之外的数据。剔除数据后，ST 公司剩下 8 家，非 ST 公司剩下 74 家。

其次，利用类内均值相等假设和协方差相等假设，样本数据 32 个变量检测出 8 个变量的显著性概率远小于 0.05，说明类内均值具有显著性差异，能够用于判别分析。这 8 个通过显著性检验的变量是现金比率（X_3）、利息保障倍数（X_9）、营业利润率（X_{18}）、总资产净利润率 ROA（X_{19}）、息税前利润与总资产比率（X_{20}）、净资产收益率 ROE（X_{21}）、总资产增长率（X_{25}）、留存收益 / 总资产（X_{31}）。

最后，剔出缺乏显著性的指标，但剩余指标存在高度相关性的可能，直接纳入模型会因为多重共线性而无法得出正确结论，因此采用逐步法来筛选变量。逐步判别分析的算法是"有进有出"，逐步对判别式引入一个"最重要"变量的同时，剔除较早引入变量中因为新变量引入而导致其判别能力变为不显著，这样一步一步直到没有重要变量可以再引入判别式且没有不重要的旧变量需要剔除为止。当逐步选择开始时，模型中没有变量，每引入一个变量，以 Wilks' Lambda 统计量最小者进入模型为判断标准，同时剔除 Wilks' Lambda 标准下对模型判别能力贡献最小且无法达到标准的变量。否则，将新选入对判别能力贡献最大的变量进入模型。在对变量整体区别力的 Wilks' Lambda 检验中，只有两个变量在 0.000 的显著水平上通过检验，说明能够使用这两个变量构建判别模型。具体数值如表 4-2 所示。

表 4-2　变量逐步判别分析结果

序号	变量	Wilks' Lambda	F 统计量	Sig.（p 值）
1	X_{21}（净资产收益率 ROE）	0.689	36.095	0.000
2	X_{31}（留存收益 / 总资产）	0.638	22.45	0.000

资料来源：笔者根据实证研究结果整理总结。

如表 4-2 所示，在对变量整体区别力的 Wilks' Lambda 检验中，只有两个变量在 0.000 的显著水平上通过检验，说明能够使用这两个变量构建判别模型。

二、模型构建

使用逐步判别分析法筛选出以上两个变量构建模型，得到未标准化的两个变量 Fisher 线性判别模型：

$$Z = 0.042 \times X_{21} + 0.014 \times X_{31} - 0.169 \quad\quad (4\text{-}16)$$

其中，变量计算公式为：X_{21}=（净资产收益率 ROE）= 净利率 / 净资产，X_{31}= 留存收益 / 总资产。

对该判别分析模型进行显著性检验，模型的特征值为 3.84（特征值越大，模型的区别力越强），可见该模型具有较高的判别力。

三、模型有效性检验

将财务比率数据代入公式中，可以计算得到样本公司的判别 Z 值。按照完全对称原则选择临界值，ST 类财务困境样本公司的平均 Z 值为 –2.2845，财务正常非 ST 类样本公司的平均 Z 值为 0.2501，临界值 $Z^* =$（–2.2845 ＋ 0.2501）／ 2 = –1.0172。当判别值 $Z>$–1.0172 时，判为财务正常公司，当判别值 $Z ≤ $–1.0172 时，判为财务困境 ST 类公司。判别分数越高，企业的财务状况越好，分数越低，企业越容易陷入财务困境。在统计学上，通常有两类判别错误：第一类错误是指财务困境公司未能被模型预测出来；第二类错误是指将财务正常的公司被预测为财务困境公司（见表 4–3）。

表 4–3　样本判断结果

单位：%

第一类错误率	第二类错误率	总体误判率	总体正确率
37.50	6.70	9.80	90.20

资料来源：笔者根据实证研究结果整理总结。

经过判别分析，从表 4–3 可以看出，该模型对样本组的判别正确率分别为 90.20%，总体误判率 9.8%，第一类错误判别率为 37.5%，第二类错误判别率为 6.70%。因此，从总体上来看，该多元判别分析模型具有较好的判断效果。但第一类错误偏高，即 ST 公司预测为非 ST 公司的情况比较多，分析第一类错误率比较高的原因，可能由于互联网金融行业发展不够久，经营公司被 ST 的数量较少，所以样本整体对 ST 公司的特征反应不足。

四、模型预测能力分析

把全部样本共 123 家公司作为检测样本组，按照前面的方法选择并使用 2017~2019 年的样本数据，来检验所构建的逐步判别分析模型的超前预测能力。经检验，所构建模型在 2017 年的预测准确率特别低，估计以 2020 年样本构建模型无法体现 2017 年的行业信用特点，本身由于行业发展时间较短，ST 样本有限，判别率的说服力比较有限，同时多元判别模型缺乏理论基础，无法进一步深入分析，模型整体只能通过数据经验来反映和预测。检验结果如表 4–4 所示。

表 4-4　样本判断结果

单位：%

年份	第一类错误率	第二类错误率	总体误判率	总体正确率
2019	38.90	8.60	13.10	86.90
2018	44.40	5.80	11.50	88.50

资料来源：笔者根据实证研究结果整理总结。

表 4-4 数据显示，2018 年的总体判别正确率为 88.50%，2019 年的总体判别正确率为 86.90%，所以越接近 2020 年相对预测的准确率高些。第一类的错误率都比较高，原因分析和 2017 年情况类似。综上所述，多元判别分析的结果显示所构建的模型具有较好的超前预测能力，但时间越远误判率越高。

五、结论

通过以上实证研究，得出以下两个结论：

（1）通过以上我国互联网金融行业 121 家上市公司为研究样本，应用逐步判别法筛选财务变量，建立了一个两变量的 Fisher 线性判别模型。该模型的总体预测正确率达到 90.20%，且具有一定的超前判别能力，但距离判别时点越远预测准确性越低，这主要由于样本训练数据决定。同时，第一类判别错误率较高，第一类判别错误是指财务困境公司未能被模型预测出来，这体现模型分析互联网金融业务经营主体有很大的一个缺陷。

（2）所建多元判别分析模型的两个解释变量涵盖偿债能力、经营能力、盈利能力和成长能力四大类指标。其中，盈利质量和盈利能力的 X_{21}=（净资产收益率 ROE）= 净利率 / 净资产，X_{31}= 留存收益 / 总资产的指标判别贡献较大。在经典的 "Z-score" 模型五项财务比率中，本书实证研究代表互联网金融行业构建的判别模型留存收益与总资产比率一项是与之相同的。

第五节　Logistic 回归模型的违约状态判定实证研究

相对于对样本有严格假设的多元判别分析法，Logistic 回归的假设条件相对宽松，对样本数据的分布没有什么要求，在我国金融数据匮乏和质量不高的条件下，理论上更加适合互联网金融信用风险测度领域的研究，尤其该行业发展时间较短，样本相对较难符合严格假设。为了进一步研究 Logistic 回归在我国互联网金融业务经营主体信用风险测度中的应用，下面运用 Logistic 回归分析法在样本公司的财务数据基础上建立测度信用风险的 Logit 模型，仍然使用逐步选择法筛选变量建立 Logit 模型。

一、变量筛选

为了便于比较和分析，在构建 Logit 模型时，仍然采用构建多元判别分析模型所使用的样本公司和财务比率数据，数据处理使用的统计分析软件也同 SPSS 中的 Logistic 回归分析工具进行。

使用 Logit 模型时，由于将信用风险问题转化为公司是否会陷入财务困境的问题，因而被解释变量属于 0~1 型伯努利随机变量。本书将公司陷入财务困境取值为 1，正常公司取值为 0。所以如果公司发生财务困境的概率为 p，则 $1-p$ 为财务正常的概率。

Logistic 回归分析为了避免指标间存在一定的相关性和可替代性，因此要进行变量筛选。变量选择方法有全部进入法、向前逐步选择法和后退剔除法。①向前逐步选择法（forward stepwise），是指在截距模型的基础上，将符合设置水平的自变量一次一个加入模型中；②向后逐步选择法（backward stepwise），是指在模型包括所有候选变量的基础上，一次一个剔除不符合保留要求显著水平的自变量；③混合逐步选择法（combined stepwise），将正向选择和反向选择结合起来，既可以从正向选择开始也可以从反向选择开始，根据所设的显著性标准分别加入或剔除变量到模型中。这三种方法与设计程序上的算法不同，处理结果一般是一致的。本书采用向前逐步选择法。

通过向前逐步选择法从 32 个财务比率变量中最终筛选出 2 个变量，按照进入方程的先后顺序分别是 X_{21}=（净资产收益率 ROE）=净利率 / 净资产，X_{31}= 留存收益 / 总资产，这两个都是盈利指标，反映盈利质量。

二、模型构建

使用 X_{21}=（净资产收益率 ROE）=净利率 / 净资产，X_{31}= 留存收益 / 总资产这两个变量进行建模，得到 Logit 模型：

$$\ln\left(\frac{P}{1-P}\right) = -0.036 \times X_{21} - 0.028 \times X_{31} - 2.791 \tag{4-17}$$

以该模型为基础，开展显著性检验操作，结果如表 4-5 所示。

表 4-5　Logit 模型显著性检验结果

系数估计	系数估计	标准差	Wald	df	Sig.（p 值）
X_{21}	-0.036	0.017	4.332	1	0.037
X_{31}	-0.028	0.013	4.297	1	0.038
常量	-2.791	0.562	24.705	1	<0.001

资料来源：笔者根据实证研究结果整理总结。

在表 4-5 中，df=1，p 值小于 0.05，p 值达到了显著水平，说明使用这两个变量时，所估计的模型对样本的配适度优于虚无模型（所有的变量系数均为 0 时）；两个自变量系数均通过 Wald 检验在 0.05 的显著水平上，说明两个变量对模型都具有一定的解释能力。上述检验结果表明以这两个自变量构建的 Logit 模型是显著的，能够预测公司陷入财务困境变为 ST 公司的概率。

三、模型有效性检验

通过将财务比率数据回代公式，能够有效获取概率值 p。大部分情况下，Logit 模型的临界点取值为 0.5，如果 p 值高于该临界点，那么证实样本企业 50% 以上概率会面临财务危机；反之，如果 p 值低于该临界点，那么证实样本企业出现财务危机的概率不会超过 50%。模型判别结果如表 4-6 所示。

表 4-6　样本判断结果

单位：%

第一类错误率	第二类错误率	总体误判率	总体正确率
50.00	1.40	6.10	93.90

资料来源：笔者根据实证研究结果整理总结。

在表 4-6 中，样本组的判别正确率分别为 93.90%，总体误判率 6.10%，第一类错误判别率为 50.00%，第二类错误判别率为 1.40%。因此，从总体上来看，该 Logit 模型具有较好的判断效果，而且相对于多元判别式，准确率提高 3% 左右，而且第二类错误率大大降低，总体误判率也降低了。但第一类错误率更高了，即 ST 公司预测为非 ST 公司的情况更多了，从模型本身来说，在业界使用还是会带来很大损失，从行业本身来分析原因，可能由于互联网金融行业发展不够久，经营公司被 ST 的数量较少，所以样本整体对 ST 公司的特征反应不足，在 Logit 模型上体现得更为明显。

四、模型预测能力分析

本书选取 2017~2019 年的 121 家企业作为样本数据来就 Logit 模型的超前预测能力予以检验。检验结果如表 4-7 所示。

表 4-7　样本判断结果

单位：%

年份	第一类错误率	第二类错误率	总体误判率	总体正确率
2019	44.40	1.90	9.60	90.40
2018	72.20	1.00	11.50	88.50

资料来源：笔者根据实证研究结果整理总结。

表 4-7 检验结果可以看出，所构建模型在 2017 年的预测准确率特别低，估计以 2020 年样本构建模型无法体现 2017 年的行业信用特点，本身由于行业发展时间较短，ST 样本有限，判别率的说服力还是比较有限，同时 Logit 模型缺乏理论基础，无法进一步深入分析，模型整体只能通过数据经验来反映和预测。2018 年的总体判别正确率为 88.50%，2019 年的总体判别正确率为 90.40%，与多元判别模型类似，越接近 2020 年相对预测的准确率越高。值得注意的是，第一类错误率在 2018 年非常高。所以，综合来看，Logit 模型预测能力分析结果显示所构建的模型的超前预测能力较为理想，但其存有明显弊端，即其误判率会随着时间线的拉长而提升。而且第一类错误率提升很多，业界使用要非常小心。

五、结论

通过以上实证研究，得出以下两个结论：

（1）通过以上我国互联网金融行业 121 家上市公司为研究样本，应用向前逐步选择法筛选财务变量，建立了一个两变量 Logit 判别模型。该模型的总体预测正确率比多元线性模型高，达到 93.90%，且超前判别能力，总体误判率总体上都多元判别模型更佳，同样，距离判别时点越远，则预测准确性越低，这主要由样本训练数据决定。值得注意的是，第一类判别错误率较高，第一类判别错误是指财务困境公司未能被模型预测出来，这体现模型分析互联网金融业务经营主体有很大的一个缺陷，在业界使用要非常小心。

（2）所建 Logit 模型的两个解释变量涵盖偿债能力、经营能力、盈利能力和成长能力四大类指标。其中，盈利质量和盈利能力的 X_{21}=（净资产收益率 ROE）=净利率/净资产，X_{31}= 留存收益/总资产的指标判别贡献较大。

本章小结

本章使用互联网金融行业 121 家上市公司 2017~2020 年财务数据作为研究样本，通过构建多元判别模型和 Logit 模型，实证研究模型的预测正确率。通过实证研究，得出以下两个结论：

（1）通过以上我国互联网金融行业 121 家上市公司为研究样本，建立的多元判别模型总体预测正确率达到 90.20%，Logit 模型为 93.90%，总体误判率都不高，多元判别模型达到 9.80%，Logit 模型为 6.10%。两者都具有一定的超前判别能力，相对而言，Logit 模型判别准确性比多元判别模型更好，但共同特点是，距离判别时点越远预测准确性越低，这主要由样本训练数据决定。

（2）从互联网金融业务经营公司的偿债能力、经营能力、盈利能力和成长能力四个方面来看，两个盈利指标：X_{21}=（净资产收益率 ROE）=净利率/净资产，X_{31}= 留存收益/总资产的贡献较大。

以下两点值得注意：①两者第一类判别错误率都非常高，特别是 Logit 模型。第一类判别错误率指财务困境公司未能被模型预测出来，这说明模型在分析互联网金融业务经营主体信用风险时的缺陷，在业界使用要非常小心；②多元判别分析模型和 Logistic 模型代表基于财务数据的数理分析统计模型，从本章实证研究结果显示，基于数理统计模型只能判定互联网金融业务经营主体的违约状态，无法对信用风险的大小和变化进行描述，测度结果缺乏动态跟踪的可能性，以及信用风险"安全距离"的显示，所以该测度工具虽然易于理解，并被广泛使用，但无法体现本书研究对象信用风险的特点。

在第三章对互联网金融业务经营主体以及整体行业信用风险的梳理发现，互联网基因让信用风险具有突发性特点，恶化速度更快，破坏性更强；而且信用风险的可控性变差，涉及面更广；同时信用风险受市场预期影响更大，信用悖论现象更严重。所以，基于数理模型仅能判定违约状态而无法描述，且违约状态判定的第一类错误率偏高，本书将在第五章采用 KMV 模型对互联网金融业务经营主体以及整体行业信用风险展开测度研究。

第五章

KMV 模型对互联网金融信用风险测度实证研究

第四章基于财务指标的多元线性判别模型和非线性 Logit 回归模型对互联网金融业务的经营主体信用风险进行测度的实证研究发现，这两个经典的数理统计模型虽然测度结果准确性尚能接受，易理解，应用范围广，但是测度结果由于缺乏理论基础的支持，无法深入分析，同时该测度结果无法体现本书信用风险的特点和变化，缺乏动态跟踪的可能性以及信用风险"安全距离"的显示，无法作为互联网金融信用风险的监测工具，保证互联网金融业务经营主体的存续经营以及整体行业的健康发展。因此，本章以及第六章将展开 KMV 模型对互联网金融信用风险测度的适用性和可行性研究，以及针对行业特点，探寻改进 KMV 模型测度精确性的实证研究。

第一节　研究问题的提出

互联网金融行业发展迅猛，只有 30 年的时间，却经历了不同的发展阶段。2015 年前后各种业务模式信用风险累积到一定程度发生的信用危机具有里程碑式的警醒意义。特别是 P2P 网络借贷业务模式累积的信用风险引发了整个行业的信任危机，引发信任危机的模式并非持有牌照的金融机构在互联网上从事的金融业务，而是互联网企业涌入了一直被国家严格监管的金融市场，为互联网用户提供各种金融服务，却并不具备金融牌照和相应的专业度。该业务模式被监管当局强制风险出清后，互联网金融行业进入规范发展阶段。尤其在 2018 年后，一些发展较快的互联网金融企业通过收购或并购等方式，获取多种金融牌照，凭借着其规模庞大的客户群体、多元化的渠道以及领先的技术水平，成为颇具规模的金融控股公司。该类公司通过互联网平台提供的综合金融服务，互联网金融行业出现垄断经营的趋势。经营主体信息不对称不透明情况越发严重以及金融业务混业经营的现状都让经营主体的信用风险更加错综复杂。2021 年，监管当局将"大平台"的反垄断作为监管重点，希望整个行业金融与科技互归本源。此后，互联网金融行业发展进入新阶段，监管经营主体和行业整体的信用风险变得尤为重要。

互联网金融业务的经营主体作为行业的重要构成，其信用风险大小不仅决定着企业自身的存续，而且在一定程度上制约着互联网金融行业后续的可持续发展。基于经营者维度来就信用风险予以探究，既能综合反映互联网金融具体业务信用风险的大小，又间接考虑了互联网金融行业的整体信用风险的变化。互联网金融业务经营主体的信用风险指在互联网金融业务经营过程中，经营主体的财务状况发生改变甚至破产可能导致的信用风险。第三章通过和传统金融相比较，发现互联网金融业务经营主体信用风险具有和传统金融业务类似的特点，同时还有互联网基因带来的专有特点。同时，影响互联网金融业务经营主体的信用不仅囊括了宏观角度下的非系统性因素与宏观角度的系统性因素，而且还包括体现在财务指标上的从微观角度影响互联网金融业务经营主体信用风险的因素。

经过第四章基于财务指标的多元线性判别模型和非线性 Logit 回归模型对互联网金融业务的经营主体信用风险进行测度的实证研究发现，虽然这两个经典的数理统计模型测度结果准确性尚能接受，易理解，应用范围广，但是测度结果由于缺乏理论基础的支持，无法深入分析，同时该测度结果无法体现本书研究对象信用风险的特点和变化，缺乏动态跟踪的可能性，以及信用风险"安全距离"的显示，无法作为互联网金融信用风险的监测工具，保证互联网金融业务经营主体的存续经营以及整体行业的健康发展。

由于 KMV 模型具有以下三点优势，适合作为当下混业经营的互联网金融业务经营企业或整体行业日益复杂多变的信用风险测度、预警、监管的金融工具：第一，KMV 模型建立在现代金融期权理论基础上，其测度结果比简单数理模型更能深入分析，而且模型设计整体思路符合信用风险的形成机理"资产小于负债，企业面临信用危机"，测度结果能够体现信用风险的大小和变化；第二，邹薇（2014）指出，KMV 模型不仅考虑企业内部的财务状况，而且参考股价行情和利率等外部因素，对信用风险的影响因素反映最为紧密和全面；第三，由于股价数据可实时更新，反映投资者预期，所以该模型能不仅能及时反映信用风险变化，而且具有前瞻性，适合作为互联网金融业务经营主体和行业整体信用风险的监测。因此，本章按照第四章实证研究安排，选择 KMV 模型作为研究工具，对互联网金融业务经营主体的信用风险进行测度研究。

我国学者使用 KMV 模型对信用风险测度也只有 20 年左右的历史。本书在就国内学者在初期的互联网金融风险所做研究进行汇总分析后，发现其研究的主要方向集中于对如何实现 KMV 模型的构建以及对相关理论等的阐述，本书就其中较具代表性的研究文献资料做出如下梳理与阐述：杜本峰（2002）针对 KMV 模型构建研究后，提出了"实值期权理论在信用风险评估中的应用"；王琼和陈金贤（2002）在此方面进行深入剖析后就此提出"信用风险定价方式分析"；张玲和张佳林（2000）针对 KMV 模型予以理论分析后认为，其非常适合测度上市公司的信用风险。随后，学者开始使用 KMV 模型对我国上市公司数据进行信用风险测度实证研究。程鹏和吴冲锋（2002）、杨星和张义强（2004）将KMV模型作为有效的研究手段，围绕15个上市公司的信用风险分别予以测度，其通过将样本企业划分了绩优企业、高新技术企业与ST企业三种不同类型，该模型能够相对准确地就企业的信用风险予以测度，且相关数据显示，三种不同类型企业所呈现出来的信用风险状况有着明显差异，其中最为理想，即信用风险最好的企业类型为绩优企业，其次为高新技术企业，ST公司信用状况最差。叶庆祥等（2005）围绕着22个ST企业来展开研究，陈捷（2003）立足于把个人选择的上市企业样本基于类型划分为绩优股和绩差股两类来分别进行风险测度后，其所总结出的结论与上述学者的结论一致，前者类型企业所面临的风险要远远低于后者，该结论从侧面印证了KMV模型在风险测度方面的有效性与可靠性。

同时，国内部分学者为进一步详细了解KMV模型，对其本身进行了相关探究，本书就此作出如下阐述：赵恒珩、刘冀云（2003）选择中国股市的数据作为样本，基于固定增长模型的自由现金流量法来就企业价值予以计量，同时基于异方差模型来就股权价值波动性Eσ予以计算，相关结果显示，市场价值波动率与市场价值波动率两者之间有着某种关联，且其关联会随着市场的不同变化而有所不同，在进行测度研究时需要针对不同市场特征进行关系函数的调整。另外，有的学者探讨我国特殊国情造成的非流通股折算问题。马若微（2006）基于在KMV模型中进行了功率曲线的引入来借此就我国特殊国情造成的非流通股折算问题予以分析对照后发现，该模型的有效性并不会随着不同国家的制度变化而发生变化；王建稳和梁彦军（2008）基于KMV模型的前提下，对传统的股权价值核算模式做出了改进，通过对1999~2006年的所有样本企业的违约距离进行计算后发现，企业信用风险在一定程度上受到企业规模的影响，且股权价值波动率对违约距离最为敏感。

近年来，KMV模型对信用风险测度的准确性以及灵敏性，仍然持续吸引学者使用该模型对我国金融机构不同金融工具的数据展开研究。刘迎春和刘霄（2011）基于GARCH波动率模型，深度核算了股权价值对应的波动率，并根据相关结果进行分析研究后提出了基于分行业KMV模型的构建能够很好分辨不同行业的上市公司信用风险大小。段德峰、王建华和宋鸿芳（2011）针对LMV模型在小样本情况下进行风险测度，发现其在该情况下也能够具备有效性与可靠性；张大斌等（2014）基于差分进化算法核算了违约点系数之后，明确指出DE-KMV模型在进行测度时能够就国内上市企业的信用风险此前的不确定性予以改进。董新贵（2016）使用KMV模型测度地方政府债务风险。高咏玲等（2017）

通过选取 103 家于 2009~2013 年发生过并购事件的上市企业基于 KMV 模型就上述企业在并购前后的信用风险进行了测度；陈媛媛等（2020）通过选取 16 家上市银行，并就上述企业 2012~2017 年的历史数据基于 KMV 模型进行信用风险的测度，就代表指标违约距离进行了计算，并对影响违约率的因素进行敏感性分析。

在互联网金融行业信用风险测度方面，研究 KMV 模型的运用，在理论和实证文献方面都非常匮乏，这和行业发展时间较短也有关系。孙小丽和彭龙（2013）提出，KMV 模型能够有效就企业的信用风险予以有效评估，但样本的选取未能体现行业特点。冯振（2016）以互联网金融业务运营公司为研究对象，借助 KMV 模型，间接测度互联网金融整体信用风险，该研究思路不乏新意，但研究样本局限于互联网金融发展中期，而且缺乏理论基础的阐释。方国斌和马天驰（2020）使用 KMV 模型对上市互联网金融公司的网络借贷平台和传统金融行业信用风险进行测度，检验结果较之样本企业的实际情况来言，并未出现明显偏离，进而正式该模型对衡量上市公司面临的信用风险存在有效性与可靠性。

综上所述，通过回顾 KMV 模型进行的理论与实证的研究文献发现，该模型有被用于其他行业的信用风险测度研究，但是，该模型被用于研究互联网金融行业信用风险的文献非常匮乏，尤其难以找到从经营主体的角度测度信用风险，从而间接反映行业整体信用风险水平和特点的研究文献。所以，本章节使用 KMV 模型对互联网金融业务经营主体信用风险进行测度研究，选择使用违约距离反映信用风险变化，样本选取的跨度也能让测度结果反映互联网金融行业发展历程中信用风险变化的情况。

第二节　KMV 模型对互联网金融信用风险测度实证分析

一、模型原理和研究方法

（一）模型原理

KMV 模型是一种将期权定价理论应用于信用风险度量的模型。该模型的基本思想是把公司股权视为一种欧式看涨期权，标的物为公司资产价值，执行价格是公司的债务账面价值，执行日期为负债到期日。当债务到期时，公司的资产价值高于债务值（违约点），公司的股权价值等于资产价值与债务值之间的差额，公司不会违约，也相当于执行了看涨期权；否则，公司所有者会选择违约，相当于不执行看涨期权，由此产生信用风险。基于此理论基础，KMV 模型借助 Black-Scholes 期权定价公式和 Merton 的风险债务定价理论能够测度信用风险，反映信用环境变化，预警违约发生的可能性。

首先，由股权价值及其波动率来估计公司的市场价值及其波动率。

$$V_E = E_A = V_A N(d_1) - D e^{-rt} N(d_2) \tag{5-1}$$

其中， $d_1 = \dfrac{\ln\left(\dfrac{V_A}{D}\right) + \left(r + \dfrac{1}{2}\sigma_A^2\right)t}{\sigma_A \sqrt{t}}$ \tag{5-2}

$$d_2 = d_1 - \sigma_A \sqrt{t} \tag{5-3}$$

公司的股权价值波动率与资产价值波动率的关系如下：

$$\sigma_E = \frac{V_A}{V_E} N(d_1) \sigma_A \tag{5-4}$$

在式（5-1）~式（5-4）中，V_E 表示看涨期权的价值，即股权的市场价值；V_A 表示公司资产的市场价值；r 表示无风险利率；D 表示执行价格，即负债的账面价值；t 表示负债到期时间；N 表示标准正态累计概率分布函数；企业股权市场价值波动率 σ_E 和表示资产市场价值波动率 σ_A。通过联立式（5-1）到式（5-4）的非线性方程组，已知 V_E、σ_E、r、D、t 五个输入变量，运用 MATLAB 的迭代算法可以得到公司的资产价值 V_A 和公司资产价值的波动率 σ_A。

其次，计算违约点的债务值 DP，在这个点上，公司的资产价值正好能够抵偿其债务值，否则，将触发违约行为。

最后，计算出违约距离 DD，即公司的预期资产价值 $E(V_1)$ 到违约点 DP 债务值之间的距离，以预期资产价值标准差的个数来表示，作为信用风险的度量指标。其中，$E(V_1)$ 为一年后公司资产价值的期望值。

$$DD = \frac{E(V_1) - DP}{E(V_1)\sigma_A} \tag{5-5}$$

通常，如果预期资产价值服从标准几何布朗运动的假设，还可以据此推导出理论违约概率 EDF。

$$EDF = N(-DD) \tag{5-6}$$

在实践中，KMV 公司使用自身积累的历史数据和函数模型，将公司违约距离与违约率拟合出违约概率 EDF。然而，本书选择违约距离作为信用风险的评价指标，违约距离越大，按时偿还到期债务的可能性越大，则信用风险越小；反之，违约距离越小，信用风险越大。这样的选择主要基于以下三点考虑：①目前尚无研究成果证明预期资产价值服从标准几何布朗运动的假设；②我国互联网金融的发展历程较短，数据累计有限，还无法构建违约距离与预期违约概率之间的映射关系；③违约距离以预期资产价值标准差的个数来表示，是标准化指标，便于计算，既能方便衡量单个公司信用风险的相对大小，也能作为反映信用风险整体环境的指标。

（二）研究方法

从客观来讲，基于现阶段的国内经济环境较之西方发达国家有着明显差异，以下根据我国互联网金融业务经营主体上市企业的特征和面临的市场发展环境进一步修正了模型，然后进行信用风险的实证研究和分析。

1. 股权价值 V_E 的计算

纵观我国的证券市场发展历程，表现出了显著的特殊性，通过人为形式将上市企业股权架构划分成两类：第一类是上市流通股，第二类是非上市流通股。尽管大多数上市公司在进行股权制变革上获得了显著成果，然而也必须要意识的是，目前在互联网金融领域，依然存在部分上市公司拥有非上市流通股，对比来说，这种类型的股权结构难以如同流通股那般能够有着准确的交易价格。为此，在就非上市流通股的流通价格计算时会相对烦琐，当前学术界普遍认为可基于市盈率定价法、比照定价法和净资产定价法等方法来进行计算。不可否认，上述方法均有其优势与不足，本书在进行对比分析后，提出以每股净资产来进行计算。究其原因，旨在于非流通股基于其无法上市流通，客观导致其市场交易活动相对少见，加之实际交易时的交易价格多以净资产为依据，基于此，利用每股净资产来进行计算更加接近其客观价值。如果上市企业的经营状况出现问题，那么净资产能够为利益相关者最大限度挽回由此带来的损失。

所以本书的研究采用每股净资产，防止高估公司股权价值，从而低估信用风险。流通股采用日均收盘价。具体计算公式为：

企业股权价值 = 流通股日均收盘价 × 流通股本数 + 每股净资产 × 非流通股股数

2. 股权价值波动率 σ_E 的估计方法

目前，常用的估计股权价值波动率核算方法十分多，论文通过深度的思索，最终选择了历史波动率法来展开核算，假设股票价格和正态分布是完全服从的，在推测日波动率的时候，由每日收盘价来予以进行，能够得到年波动率，即股权

价值波动率 σ_E。具体来看，对数收益率定义为 $\mu_i = \ln\left(\dfrac{s_{i+1}}{s_i}\right)$，其中，$s_i$ 表示第 i 天的收盘价，μ_i 表示第 i 天对应的收益率，同时用标准差的形式来代表股票价格对应的日波动率 σ，$\sigma = \sqrt{\dfrac{1}{n-1}\sum_{i=1}^{n}|\mu - E(\mu)|^2}$，股权价值波动率 $\sigma_E = \sigma \times \sqrt{n}$，本书假设每年股票交易天数 n 为 250 天。

3. 违约点 DP 的确定

KMV 模型在就历史数据予以观察后，提出企业违约点在企业总负债与短期负债之间，为此能够发现其等于长短期负债总额的 50%。不同的国内外学者在违约点方面也进行过一些研究，通过进行多个违约点的设定，基于 KMV 模型在测度效果不理想的情况来予以进行考察。通常情况下对于违约点进行设定的时候，具体涉及三类：短期负债（STD）与长期负债相加（LTD）的 0.25、0.5 或 0.75。

4. 债务期限 t 和无风险利率 r

实证分析的时间单位为每年，出于不影响结论有效性和简化相关步骤角度出发，本书将违约距离的计算时间设定为 1。基于现阶段下的国内利率市场尚处于半封闭状态，尚不存在真正的无风险利率。

5. 资产价值的预期增长率 g

基于理论视角而言，资产价值的预期增长率等于企业预期资产收益率与预期股利支付率的差额。一般情况下，进行如下假设，g=0。

二、KMV 模型作为测度工具适用性的实证研究

（一）样本选取及参数设定

1. 样本选取

为了保持和第四章研究的一致性和可比性，本章 KMV 模型作为测度工具适用性的判断标准同样为是否能对 ST 公司和非 ST 公司清晰区分，也参照第四章选取样本的方法和程序，查询万德数据库，新浪财经发布的互联网金融概念股或构成互联网金融指数的股票后，选取 2017~2020 年持续经营互联网金融业务的 18 家 ST 公司和非 ST 公司，其中，被 ST 的 18 家公司时间为 2020 年。KMV 模型的关键参数股票交易价格、流通和非流通股股本数、每股净资产、短期负债、长期负债等各项财务及利率数据来源于 Wind 数据库。

2. 参数设定

（1）股权价值 V_E 的计算。本书采用每股净资产，防止高估公司股权价值，从而低估信用风险。流通股采用日均收盘价。具体公式为公司股权价值 = 流通股日均收盘价 × 流通股本数 + 每股净资产 × 非流通股股数。

（2）股权价值波动率 σ_E 的估计方法。本书在进行综合考量后，决定以历史波动率法来进行估计。假定股票价格服从正态分布，对于日波动率的推算由每日收盘价来对数收益率予以进行，能够得到年波动率，即股权价值波动率 σ_E。具体来看，对数收益率定义为 $\mu_i = \ln\left(\dfrac{s_{i+1}}{s_i}\right)$，其中，$s_i$ 表示第 i 天对应的收盘价，μ_i 主要表示第 i 天对应的收益率，同时用标准差来代表股票价格对应的日波动率 σ，$\sigma = \sqrt{\dfrac{1}{n-1}\sum\limits_{i=1}^{n}\left|\mu - E(\mu)\right|^2}$，股权价值波动率 $\sigma_E = \sigma \times \sqrt{n}$，本书假设每年股票交易天数 n 为 250。

（3）违约点 DP 的确定。研究结果表明，违约点等于企业流动负债与长期负债的 50% 的和。

（4）债务期限 t 和无风险利率 r。实证分析的时间单位为每年，出于不影响结论有效性和简化相关步骤角度出发，本书将违约距离的具体核算时间设置成 1。同时依据央行对外发布的一年期整存整取存款利率来明确无风险利率，2013 年为 3%、2014 年为 2.75%、2015 年为 2%、2016~2020 为 1.5%。

（5）资产价值的预期增长率 g。基于理论视角而言，资产价值的预期增长率等于企业预期资产收益率与预期股利支付率的差额。一般情况下，进行如下假设，$g=0$。

（二）实证过程及实证结果分析

1. 实证过程

根据 KMV 模型的计算步骤，首先，计算股权价值波动率 σ_E。下载选取的 18 家 ST 和非 ST 互联网金融公司 2017~2020 年的每日股票收盘数据，以相邻两天的股价对数差计算出股权价值的日波动率，在此基础上对年波动率 σ_E 进行推测，接着对资产价值予以核算，依据选择的参数 r、T、D，把它们代入 Matlab 迭代求解非线性方程（5-1）~方程（5-4），进而获得企业的资产价值 V_A 与它的波动率 σ_A。其次，精准核算出违约点 DP，结合以上步骤结果，使用 Matlab 软件求解方程（5-5），得到违约距离 DD。最后，对这 18 家 ST 和非 ST 互联网金融业务公司的违约距离做 T 检验与 Wilconxon 检验，结果的显著性是否说明 KMV 模型能够就企业是否为 ST 企业予以有效区别。

2. 实证结果分析

经过对这 18 家 ST 和非 ST 互联网金融业务公司的违约距离做 t 检验与 Wilconxon 检验，实证结果如表 5-1 所示。

表 5-1　ST 与非 ST 互联网金融业务经营主体 T 检验与 Wilconxon 检验

类型 \ 年份		2017	2018	2019	2020
T 检验	是否有显著差异	有	有	有	有
	显著性水平	0.0027	0.00035	0.00024	0.0011
Wilconxon 检验	是否有显著差异	有	有	有	有
	显著性水平	5.70E-06	3.00E-07	9.90E-07	2.00E-07

资料来源：笔者根据实证研究结果整理总结。

在表 5-1 中，18 家 ST 与 18 家非 ST 互联网金融业务经营主体 T 检验与 Wilconxon 检验结果显示，两者具有显著性差异，而且显著性水平均小于或等于 0.01。所以，KMV 模型适合作为互联网金融业务经营公司信用风险的测度工具，同时，测度结果能显著区分正常公司与 ST 公司，从这点来看，对于本书的测度研究对象，KMV 模型优于第四章的多元线性判别模型和 Logit 非线性回归模型。

三、KMV 模型对互联网金融信用风险的测度结果分析

上文通过显著性实证研究证实 KMV 模型能显著区分 ST 与非 ST 互联网金融业务经营主体，以下通过使用 KMV 模型对互联网金融业务经营公司信用风险进行测度，了解经营主体及行业整体的信用风险特点。

（一）样本选取及参数设定

1. 样本选取

本书研究样本的选择，不仅需要比较全面地反映互联网金融业务情况，而且需要尽可能全面地体现互联网金融行业的发展过程。基于数据可得性和可靠性，首先，从金融数据库中，选择应用广泛且较为成熟，能够体现行业发展情况的互联网金融指数；其次，根据本书研究需求，在指数成份股中选择最有代表性的公司构成本书实证研究样本。中证互联网金融发展指数从 2015 年 2 月发布至

今，已成为广泛使用的互联网金融整体行业发展程度的风向标。该指数选取沪深A股里从事投融资、保险、支付等一系列互联网金融业务的上市公司作为样本股，同时，该指数根据公司业务变化情况每半年调整一次成份股。所以，从该指数成份股中挑选样本比较能体现互联网金融行业的发展状况。

本书在中证互联网金融发展指数样本股基础上，选取从指数公布之日起一直作为成份股，且从 2013~2020 年 9 月稳定从事互联网金融业务、来自深交所的 24 只上市公司股票作为 KMV 模型实证研究的样本。从行业分布情况来看，样本公司来自金融行业和非金融行业，包括信息技术、房地产、工业、可选消费等；这充分反映了互联网金融行业的发展特点；从业务组合来看，样本公司沿袭自身发展历史和相对优势，经营一项或多项互联网金融业务。这种从测度运营公司信用风险的角度研究互联网金融信用环境变化的方法，也符合互联网金融行业当前混业经营的状态。本书的股票交易价格、流通和非流通股股本数、每股净资产、短期负债、长期负债等各项财务及利率数据来源于 Wind 数据库。

2. 参数设定

模型的参数设定同上。包括股权价值 V_E 及其波动率 σ_E、无风险利率 r、违约点 DP、债务期限 t、资产价值的预期增长率 g。

（二）实证过程及实证结果分析

1. 实证过程

KMV 模型在进行计算式，首先，对股权价值波动率 σ_E 予以计算，选取 20 家上市企业 2013~2020 年 9 月的每日股票收盘数据，以相邻两天的股价对数差计算出股权价值的日波动率，在此基础上对年波动率 σ_E 进行推测。其次，对资产价值予以核算，依据选择的参数 r、T、D，把它们代入 Matlab 迭代求解非线性方程（5-1）~方程（5-4），进而获得企业的资产价值 V_A 与它的波动率 σ_A。最后，具体核算违约点 DP，结合以上步骤结果，使用 Matlab 软件求解方程（5-5），得到违约距离 DD。

2. 实证结果分析

根据 2013~2020 年我国 24 家互联网金融业务上市公司股票的每日股票收盘数据，以相邻两天的股价对数差计算出股权价值的日波动率，假定每一年度企业的股票交易天数 n 达到了 250 天，在此基础上推测具体的年波动率 σ_E。结果如表 5-2 所示。

表 5-2　2013~2020 年 24 家互联网金融业务上市公司股权价值波动率

股票代码	股票名称	2013年	2014年	2015年	2016年	2017年	2018年	2019年	2020年	平均值
002285	世联行	0.4967	0.5468	0.8850	0.4868	0.4494	0.5114	0.3687	0.6061	0.5439
002183	怡亚通	0.5015	0.5194	0.6209	0.5458	0.3055	0.3775	0.4107	0.5159	0.4747
300059	东方财富	0.7162	0.5860	0.8715	0.5027	0.3871	0.4603	0.4586	0.5799	0.5703
000001	平安银行	0.5230	0.5827	0.4496	0.1870	0.3041	0.3353	0.3369	0.3541	0.3841
300033	同花顺	0.6001	0.6332	0.9705	0.5434	0.3130	0.4547	0.6185	0.5754	0.5886
000627	天茂集团	0.3396	0.3373	0.8152	0.4140	0.3545	0.5891	1.5760	0.3775	0.6004
000712	锦龙股份	0.3995	0.6137	0.7971	0.4756	0.3992	0.4722	0.4646	0.4721	0.5118
002024	苏宁易购	0.5425	0.4001	0.7256	0.3454	0.2846	0.3914	0.4114	0.3513	0.4315
000997	新大陆	0.4482	0.5000	0.8242	0.4081	0.3171	0.3900	0.3549	0.4501	0.4616
002153	石基信息	11.078	77.008	10.074	10.358	11.826	6.756	7.652	22.076	19.604
300226	上海钢联	0.7419	1.4540	0.8830	0.4266	0.3432	0.5797	0.4650	0.5005	0.6742
300085	银之杰	0.9137	0.5722	0.9544	0.5417	0.3859	0.5356	0.6652	0.6820	0.6563
300339	润和软件	1.1704	0.4797	1.0548	0.5519	0.3014	0.5400	0.5375	0.6191	0.6569
300170	汉得信息	0.4404	0.8377	0.9049	0.5028	0.3020	0.5777	0.5316	0.5373	0.5793
300377	赢时胜	0.5000	0.6768	0.9234	0.9468	0.5395	0.5792	0.5123	0.5730	0.6564
300386	飞天诚信	0.5000	0.6333	1.0184	0.6402	0.4840	0.5622	0.5532	0.6895	0.6351
002104	恒宝股份	0.4720	0.3931	0.8215	0.4482	0.3937	0.4008	0.4945	0.5738	0.4997
300130	新国都	0.7435	0.6042	0.9657	0.5387	0.4520	0.4827	0.5001	0.5066	0.5992
002197	证通电子	0.5180	0.6032	0.8973	0.5110	0.4372	0.3653	0.5530	0.5779	0.5579
300248	新开普	0.4913	0.8704	0.9669	0.5703	0.4115	0.4679	0.5013	0.6287	0.6135
300205	天喻信息	0.6789	1.5469	0.8283	0.5257	0.3489	0.4654	0.4838	0.5819	0.6825
002315	焦点科技	0.5210	0.4687	0.8429	0.4737	0.4031	0.4723	0.4566	0.6602	0.5373
002095	生意宝	0.6319	0.5351	0.9751	0.5092	0.3701	0.4860	0.5045	0.3845	0.5496
300380	安硕信息	0.5000	0.6506	1.1034	0.5735	0.4817	0.4784	1.0076	0.4842	0.6599
平均值		1.0195	3.8355	1.2572	0.9178	0.8581	0.7388	0.8508	1.4316	1.3637

资料来源：笔者根据实证研究结果整理总结。

　　从表 5-2 可以看出，这 24 家一直从事互联网金融业务的经营主体从 2013 年到 2020 年股权价值波动率总体均值为 1.3637。从横向年份角度来看，股权价值波动最厉害的是 2014 年，数值为 3.8355，股权价值波动率最小的为 2018 年，数值为 0.7388。股权价值波动率总体反映宏观环境对互联网金融行业的发展预期，数值越大，说明投资者等宏观因素预期越不稳定；反之，行业发展越稳定，所以从 2018 年以后，数值稳步上升。从具体互联网金融业务经营公司角度来看，石基信息这家公司股权价值波动率平均值在行业内数值最大，而且在 2020 年达到顶峰，该公司 2020 年成为 ST 公司。所以从股权价值波动率来看，KMV 模型从宏观角度考虑了投资者预期等因素，对信用风险的反应非常灵敏。

根据 24 家我国互联网金融业务上市公司 2013~2020 年股票的股权价值波动率，代入式（5-1）和式（5-2），得出表 5-3 与表 5-4 数据。

表 5-3　2013~2020 年 24 家互联网金融业务上市公司资产价值

单位：十亿元

股票代码	股票名称	2013年	2014年	2015年	2016年	2017年	2018年	2019年	2020年
002285	世联行	5.64	10.19	26.24	17.63	24.60	21.18	15.06	12.15
002183	怡亚通	16.21	26.01	75.57	59.95	55.42	46.59	41.29	40.85
300059	东方财富	7.34	16.79	78.80	62.50	65.24	73.90	114.88	179.46
000001	平安银行	1363.65	1490.87	1748.10	2134.87	2352.63	2402.04	2728.30	3027.33
300033	同花顺	1.41	3.15	904.64	19.68	16.92	12.24	24.73	36.68
000627	天茂集团	4.61	4.77	13.90	60.87	72.48	98.03	95.17	124.78
000712	锦龙股份	9.51	17.63	33.46	33.82	40.13	30.06	28.08	24.59
002024	苏宁易购	85.49	85.45	121.00	119.40	126.14	170.11	210.03	195.35
000997	新大陆	8.76	12.41	23.96	20.55	22.58	20.91	22.55	22.86
002153	石基信息	0.06	0.12	0.35	0.22	0.15	0.29	0.20	0.25
300226	上海钢联	1.23	5.48	13.07	11.57	13.56	15.43	18.79	23.67
300085	银之杰	0.84	2.78	13.97	9.81	6.78	5.62	6.69	7.82
300339	润和软件	1.29	2.83	7.27	8.01	7.21	7.66	11.19	9.81
300170	汉得信息	2.45	5.09	12.76	9.22	7.92	9.55	10.12	8.44
300377	赢时胜	0.80	0.80	3.70	5.39	6.79	6.82	6.61	6.30
300386	飞天诚信	2.58	2.66	3.66	4.21	3.74	3.00	2.92	4.45
002104	恒宝股份	4.61	6.97	11.92	11.22	6.64	4.47	4.60	5.22
300130	新国都	0.93	2.15	5.45	5.23	5.01	5.73	6.21	6.10
002197	证通电子	1.93	3.15	9.30	8.12	7.08	6.47	6.41	7.53
300248	新开普	0.53	1.57	6.26	4.95	4.04	2.74	3.08	4.37
300205	天喻信息	2.36	6.19	9.76	6.74	5.61	4.39	6.34	6.52
002315	焦点科技	2.47	3.14	5.58	4.50	3.98	2.72	2.82	3.77
002095	生意宝	3.97	5.55	16.59	13.61	9.47	9.06	6.53	5.63
300380	安硕信息	0.87	0.90	4.23	2.34	1.83	1.53	2.49	2.72
	平均值	63.73	71.53	131.23	109.77	119.41	123.36	140.63	156.94

资料来源：笔者根据实证研究结果整理总结。

从表 5-3 可以看出，从 2013~2020 年稳定从事互联网金融业务的经营公司资产规模差异巨大，平安银行这样万亿级别的企业，也有石基信息股份这样千万元级别的企业。结合股权价值波动率表格可以看出，总体上来说，企业规模越小，股权价值波动率就越高，信用风险也越大，例如，石基信息股份。从企业规模变化也能看出，2017~2020年，整体趋势变大，行业正经历扩容阶段，企业规模均值从行业初期2013年的637.3亿元到达2020年的1569.4亿元。

表5-4　2013~2020年24家互联网金融业务上市公司资产价值波动率

股票代码	股票名称	2013年	2014年	2015年	2016年	2017年	2018年	2019年	2020年
002285	世联行	0.4348	0.4421	0.7632	0.3912	0.2975	0.3280	0.2240	0.3574
002183	怡亚通	0.1711	0.1870	0.4193	0.2503	0.1049	0.1108	0.1012	0.1305
300059	东方财富	0.6461	0.4402	0.7090	0.3918	0.2442	0.3272	0.3013	0.3968
000001	平安银行	0.0243	0.0333	0.0398	0.0113	0.0229	0.0257	0.0307	0.0324
300033	同花顺	0.5279	0.5580	0.0270	0.5129	0.2941	0.4258	0.5878	0.5482
000627	天茂集团	0.2886	0.2962	0.7849	0.0750	0.0559	0.0634	0.7073	0.0764
000712	锦龙股份	0.1674	0.2762	0.5111	0.2427	0.1743	0.1647	0.1696	0.2149
002024	苏宁易购	0.2455	0.1843	0.4328	0.1620	0.1313	0.1592	0.1501	0.1333
000997	新大陆	0.3533	0.4302	0.7407	0.3378	0.2676	0.2897	0.2635	0.3476
002153	石基信息	11.0779	77.0075	10.0743	10.3581	11.8260	6.7511	7.6508	22.0759
300226	上海钢联	0.5335	1.3070	0.7828	0.2578	0.1433	0.3158	0.2714	0.2755
300085	银之杰	0.9000	0.5473	0.9366	0.5149	0.3431	0.4699	0.5950	0.6238
300339	润和软件	0.9417	0.3824	0.8589	0.4621	0.2448	0.4255	0.4629	0.5538
300170	汉得信息	0.4187	0.8164	0.8797	0.4727	0.2763	0.5263	0.4739	0.4790
300377	赢时胜	0.4829	0.6519	0.8971	0.9282	0.5261	0.5481	0.4896	0.5510
300386	飞天诚信	0.4762	0.5857	0.9587	0.6080	0.4507	0.5171	0.5246	0.6691
002104	恒宝股份	0.4461	0.3750	0.7983	0.4348	0.3765	0.3779	0.4601	0.5474
300130	新国都	0.5820	0.5380	0.8719	0.4298	0.3138	0.3188	0.4413	0.4448
002197	证通电子	0.3736	0.4614	0.7646	0.4073	0.3057	0.2192	0.3052	0.3294
300248	新开普	0.4317	0.8213	0.8911	0.5090	0.3499	0.3643	0.4159	0.5692
300205	天喻信息	0.4979	1.3760	0.7821	0.4837	0.3115	0.3827	0.3899	0.4507
002315	焦点科技	0.4604	0.4253	0.7834	0.4217	0.3418	0.3581	0.3192	0.4931
002095	生意宝	0.6169	0.5268	0.9704	0.5044	0.3613	0.4646	0.4705	0.3534
300380	安硕信息	0.4779	0.6046	1.0807	0.5291	0.4377	0.4164	0.9454	0.4324
	平均值	0.8990	3.7198	1.1149	0.8207	0.7584	0.5979	0.6980	1.2953

资料来源：笔者根据实证研究结果整理总结。

　　表 5-4 的数据显示，24 家互联网金融业务上市公司资产波动率在 2014 年最高，达到 3.7198，说明行业整体资产规模变动剧烈，在 2018 年最低，数值为 0.5979，互联网金融行业整体进入规范发展，行业进入牌照准入，混业经营阶段，行业整体资产规模变动较小，行业进入门槛抬高。2019~2020 年，行业具有垄断趋势，大公司、大平台利用自身数据和规模优势，并购兼并原有业务规模较小但持有牌照的公司，所以这两年行业整体资产规模波动比较厉害。

　　将计算出来的资产价值及其波动率代入式（5-3），使用 Matlab 软件得到了表 5-5，2013~2020 年 9 月，24 家经营互联网金融业务的上市公司每年各自的违约距离。为了便于比较每年互联网金融业务整体信用风险的变化，反映信用环境的改善程度，本书将这 24 家上市公司的违约距离按年度进行平均，获得样本公司年度违约距离均值。此外，由于互联网金融业务的混业经营特点，本书从样本公司所属行业的角度，计算金融行业和非金融行业从事互联网金融业务的上市公司年度违约距离均值，从而进一步分析整体信用风险的变化情况。

表 5-5　2013~2020 年 24 家互联网金融业务上市公司违约距离（*DD*）

股票代码	股票名称	2013 年	2014 年	2015 年	2016 年	2017 年	2018 年	2019 年	2020 年
002285	世联行	2.005	1.817	1.124	2.047	2.208	1.938	2.686	1.624
002183	怡亚通	1.862	1.814	1.591	1.788	3.179	2.551	2.316	1.824
002024	苏宁易购	1.763	2.417	1.338	2.846	3.452	2.498	2.364	2.776
000997	新大陆	2.213	1.991	1.210	2.443	3.145	2.551	2.803	2.212
002153	石基信息	−0.648	−0.043	−0.061	−0.292	−0.647	−0.513	−0.898	−0.193
300226	上海钢联	1.324	0.671	1.128	2.321	2.852	1.694	2.126	1.971
300085	银之杰	1.094	1.745	1.047	1.845	2.587	1.863	1.501	1.464
300339	润和软件	0.822	2.070	0.929	1.807	3.306	1.844	1.856	1.612
300170	汉得信息	2.267	1.193	1.105	1.987	3.307	1.728	1.878	1.858
300377	赢时胜	1.998	1.476	1.082	1.056	1.853	1.725	1.951	1.744
300386	飞天诚信	1.997	1.575	0.980	1.561	2.064	1.776	1.806	1.450
002104	恒宝股份	2.115	2.541	1.217	2.230	2.538	2.493	2.020	1.742
300130	新国都	1.330	1.649	1.032	1.849	2.198	2.055	1.996	1.970
002197	证通电子	1.907	1.643	1.107	1.949	2.272	2.710	1.780	1.704
300248	新开普	2.027	1.147	1.032	1.750	2.424	2.128	1.989	1.588
300205	天喻信息	1.453	0.621	1.206	1.900	2.861	2.142	2.059	1.711
002315	焦点科技	1.912	2.128	1.184	2.107	2.474	2.107	2.176	1.505

股票代码	股票名称	2013 年	2014 年	2015 年	2016 年	2017 年	2018 年	2019 年	2020 年
002095	生意宝	1.581	1.868	1.025	1.964	2.701	2.056	1.980	2.597
300380	安硕信息	1.997	1.534	0.906	1.742	2.073	2.086	0.991	2.062
300059	东方财富	1.392	1.690	1.137	1.981	2.560	2.159	2.163	1.710
000001	平安银行	0.649	0.823	1.736	4.094	2.676	2.437	2.518	2.396
300033	同花顺	1.659	1.573	-0.168	1.839	3.192	2.197	1.616	1.737
000627	天茂集团	2.929	2.953	1.226	2.241	2.590	1.395	0.082	2.487
000712	锦龙股份	2.396	1.549	1.216	2.069	2.455	2.049	2.088	2.076
样本均值		1.669	1.602	1.055	1.963	2.513	1.986	1.827	1.818

资料来源：笔者根据实证研究结果整理总结。

对表 5-5 的数据进行统计描述，为方便互联网金融业务上市公司 2013~2020 年违约距离（DD）的分析。这主要由于违约距离是 KMV 模型最为重要的指标，即使没有历史违约概率的数据，违约距离的变化也能作为单独反映信用风险的指标。所以本书对互联网金融上市公司的违约距离进行描述性统计。描述结果如表 5-6 所示。

表 5-6　2013~2020 年 24 家互联网金融业务上市公司违约距离（DD）描述性统计

年份 \ 统计指标	均值	方差	最大值	最小值	峰度	偏度
2013	1.67	0.48	2.93	-0.65	4.15	-1.52
2014	1.60	0.41	2.95	-0.04	1.01	-0.46
2015	1.06	0.16	1.74	-0.17	5.12	-1.93
2016	1.96	0.51	4.09	-0.29	6.28	-0.22
2017	2.51	0.62	3.45	-0.65	10.44	-2.69
2018	1.99	0.37	2.71	-0.51	11.45	-2.89
2019	1.83	0.61	2.80	-0.90	5.92	-2.24
2020	1.82	0.30	2.78	-0.19	6.84	-1.71

资料来源：笔者根据实证研究结果整理总结。

从表 5-6 的描述性统计结果可以看出，2017 年的均值方差最大，说明 2017 年互联网金融内部公司的违约距离差异明显。将上述 24 家互联网金融业务上市公司 2013~2020 年违约距离的均值数据按年份制作成曲线图（见图 5-1）。

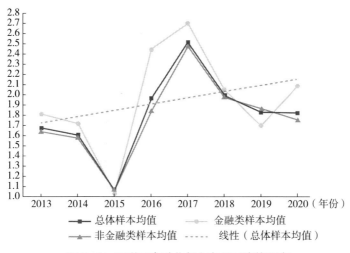

图 5-1　互联网金融业务上市公司违约距离

在图 5-1 中，虚线为样本均值趋势线。可以观察到，违约距离整体趋势向上，说明从 2013~2020 年，互联网金融业务经营主体的信用风险总体在降低，互联网金融整体行业信用风险趋势在变小，信用环境逐步改善，所以，从测度结果可以看出，互联网金融业务的监管整体上是有效的。另外，从图 5-1 可以看到，金融类样本均值的违约距离大于非金融类样本均值，说明金融机构经营互联网金融业务的信用风险总体上小于非金融机构经营互联网金融业务，这主要源于金融机构本身的专业性以及良好的信用风险控制系统。在本书后面部分，对信用风险测度结果进行拆解分析，结合互联网金融行业不同的发展阶段，监管政策的变化情况，探究 KMV 模型作为监管当局监测信用风险变化金融工具的有效性。

根据 24 家我国互联网金融业务上市公司 2013~2020 年的违约距离代入式（5-5），得到 2013~2020 年我国互联网金融业务上市公司的预期违约频率，如表 5-7 所示。

表 5-7　2013~2020 年我国互联网金融业务上市公司的预期违约频率

单位：%

股票代码	股票名称	2013年	2014年	2015年	2016年	2017年	2018年	2019年	2020年	平均值
002285	世联行	2.25	3.46	13.05	2.03	1.36	2.63	0.36	5.21	3.79
002183	怡亚通	3.13	3.49	5.58	3.69	0.07	0.54	1.03	3.41	2.62
300059	东方财富	8.20	4.55	12.78	2.38	0.52	1.54	1.53	4.36	4.48
000001	平安银行	25.81	20.51	4.13	0.00	0.37	0.74	0.59	0.83	6.62
300033	同花顺	4.85	5.78	56.68	3.30	0.07	1.40	5.31	4.12	10.19
000627	天茂集团	0.17	0.16	11.01	1.25	0.48	8.15	46.75	0.64	8.58

续表

股票代码	股票名称	2013年	2014年	2015年	2016年	2017年	2018年	2019年	2020年	平均值
000712	锦龙股份	0.83	6.06	11.19	1.93	0.70	2.02	1.84	1.90	3.31
002024	苏宁易购	3.89	0.78	9.05	0.22	0.03	0.63	0.90	0.28	1.97
000997	新大陆	1.35	2.32	11.31	0.73	0.08	0.54	0.25	1.35	2.24
002153	石基信息	74.14	51.72	52.43	61.49	74.13	69.59	81.53	57.65	65.34
300226	上海钢联	9.27	25.12	12.96	1.02	0.22	4.51	1.67	2.44	7.15
300085	银之杰	13.70	4.05	14.75	3.25	0.48	3.12	6.67	7.16	6.65
300339	润和软件	20.57	1.92	17.65	3.54	0.05	3.26	3.17	5.34	6.94
300170	汉得信息	1.17	11.65	13.47	2.35	0.05	4.20	3.02	3.16	4.88
300377	赢时胜	2.29	7.00	13.96	14.55	3.20	4.23	2.56	4.06	6.48
300386	飞天诚信	2.29	5.76	16.35	5.93	1.95	3.78	3.54	7.36	5.87
002104	恒宝股份	1.72	0.55	11.19	1.29	0.56	0.63	2.17	4.08	2.77
300130	新国都	9.17	4.95	15.11	3.22	1.40	1.99	2.30	2.44	5.07
002197	证通电子	2.82	5.02	13.41	2.56	1.15	0.34	3.75	4.42	4.18
300248	新开普	2.13	12.57	15.11	4.00	0.77	1.67	2.34	5.61	5.53
300205	天喻信息	7.31	26.72	11.39	2.87	0.21	1.61	1.97	4.36	7.06
002315	焦点科技	2.80	1.67	11.81	1.76	0.67	1.76	1.48	6.62	3.57
002095	生意宝	5.69	3.09	15.26	2.48	0.35	1.99	2.39	0.47	3.97
300380	安硕信息	2.29	6.25	18.25	4.08	1.91	1.85	16.08	1.96	6.58
	平均值	8.66	8.96	16.16	5.41	3.78	5.11	8.05	5.80	7.74

资料来源：笔者根据实证研究结果整理总结。

根据表 5-7 我国互联网金融业务上市公司的预期违约频率的数据，制作除互联网金融经营主体 2013~2020 年的违约概率均值，如图 5-2 所示。

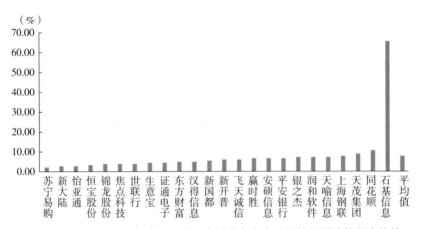

图 5-2　2013~2020 年我国互联网金融业务上市公司的预期违约频率均值

图 5-2 是按照违约概率从小到大的顺序排列显示。从图 5-2 可以看出，行业整体违约概率均值为 7.74%，大部分的互联网金融业务公司违约概率都在均值以下，互联网金融业务经营主体违约概率最高的是石基股份，事后也被证明，这家公司在 2020 年被 ST。所以 KMV 模型行业信用风险非常灵敏。根据表 5-6 的数据，违约距离按年均作曲线图，如图 5-3 所示。

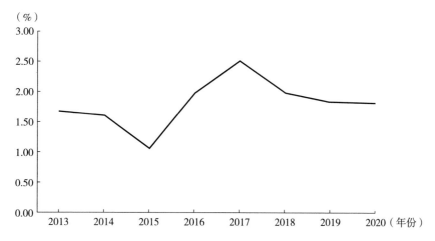

图 5-3　2013~2020 年我国互联网金融业务上市公司的行业违约距离均值

从图 5-3 可以看出，互联网金融整体行业违约概率在 2015 年达到顶峰，这一年也是监管元年，监管当局对互联网金融行业整体进行信用风险出清，把打着互联网模式旗号的"伪模式"通过不发放牌照逐步禁止经营，行业整体违约概率在 2016 年、2017 年达到最低，信用风险最小。但在 2018 年、2019 年互联网金融行业出现垄断趋势，整体违约概率逐步上升，监管当局开始重视"大平台"的监管，违约概率在 2020 年逐步降低，信用风险在变小。

四、互联网金融信用风险的敏感性分析与稳健性检验

通过上文使用 KMV 模型对经营互联网金融业务经营主体信用风险的测度，分析资产规模、资产规模波动率、股权价值、股权价值波动率、违约距离以及违约率这六大关键变量，对经营互联网金融业务的公司以及行业发展状况（通过均值）进行阐释，说明该模型不仅能够显著性区别 ST 和非 ST 互联网金融公司，而且可以通过模型的关键变量反映影响公司经营以及行业发展的信用风险关键因素。

对于 KMV 模型测度结果，本书的研究继续从以下两个方向深入分析：首先，通过违约距离指标对 KMV 模型进行稳健性检验；其次，通过对反映信用风险的违约距离指标做敏感性分析，探究影响互联网金融信用风险的关键因素，并在第六章进行模型改良和准确性的检测。

（一）稳健性检验

本书的研究基于如下基本假设：在公司未做出重大调整时，公司的股票价格波动及其他因素不影响 KMV 模型的稳健性，表现为 KMV 模型测算出的前后两个单位时间（本书为年）的公司违约概率基本保持一致。下面使用 Wilcoxon rank-sum test（秩和检验）和符号检验进行判断。检验结果详见表 5-8。

表 5-8　KMV 模型稳健性检验结果

检验 p 值	秩和检验	符号检验		
		单边检验	中位数检验	双边检验
2013 年与 2014 年	0.6997	0.7976	0.3388	0.6776
2016 年与 2018 年	0.2137	0.1050	0.9534	0.2100
2019 年与 2020 年	0.1299	0.9967	0.0113	0.0227

注：由于 2017 年部分公司的调整很大，所以不符合假设条件，所以选择 2016 年与 2018 年进行比较。

资料来源：笔者根据实证研究结果整理总结。

通过 2013 年的数据与 2014 年相邻年份的秩和检验来看，两者的公司违约概率基本上非常相近，说明 KMV 模型受股票价格的冲击比较小，稳健可靠。三组秩和检验和符号检验均在 1% 的显著性水平上接受原假设，认为 KMV 模型测算出的前后两年的公司违约概率基本保持一致。在公司未做出重大调整时，公司的股票价格波动及其他因素不影响 KMV 模型的稳健性，本书所使用的 KMV 模型具有良好的稳健性。

（二）敏感性分析

根据第二章、第三章和以上内容的分析，KMV 模型最符合信用风险形成机理，而且从宏观和微观考虑信用风险影响的各种因素，对影响信用风险的各种因素考虑相对全面，同时测度结果不仅可以反映信用风险大小，还可以体现变化，所以本部分基于 KMV 模型的五个主要因素对互联网金融信用风险进行敏感性分析，了解信用风险特点。

鉴于我国还未对违约事件建立大型的数据库，KMV 模型违约概率的测算基础还不健全，本部分采用违约距离进行敏感性检验，以判断 24 家经营互联网金融业务上市企业股权价值及其波动率、资产价值及其波动率、债务违约点等一系列指标对违约距离所具有的敏感性，本书目的在于通过多元逐步回归法深度剖析和研究相关样本数据。具体体现在以下两个步骤：

第一步，确定模型类型。将 24 家样本公司 8 年违约距离（DD）、股权价值波动率（OE）、资产价值波动率（OA）、股权市场价值（VE）、资产市场价值（VA）、违约点（DP），使用 MATLAB 对非负变量（VE、VA、DP）进行对数处理，然后将这些数据导 Stata 软件进行霍斯曼检验后，检验结果如表 5-9 所示。

表 5-9　霍斯曼检验

变量	fixed	random	Difference	S.E.
OA	31.99442	−4.380549	36.37497	.
OE	−5.45011	−5.054185	−0.3959247	.
lnVA	2.866468	1.143921	1.722547	.
lnVE	−1.347297	−0.5917664	−0.7555309	.
lnDP	0.2487637	−0.5885176	0.8372813	.
chi2（5）= 456.11				
Prob>chi2 = 0.0000				

资料来源：笔者根据实证研究结果整理总结。

lnVE 表示股权价值的对数，OE 表示股权价值波动率，lnVA 表示资产价值的对数，OA 表示资产价值波动率，lnDP 表示违约点的对数。

观察表 5-9 可以发现，p 值为 0.000，由此可将霍斯曼检验的原假设予以否定，得出结论，该模型更为适合做固定效应模型。

第二步，固定效应模型回归。在因变量上，本书主要选择了违约距离这项指标。在自变量上，主要选用资产价值波动率及其对数、股权价值波动率及其对数、违约点的对数表示，通过检验，得出结果如表 5-10 所示。

表 5-10　固定效应模型回归

DD	Coef.	Std.Err.	t	p>|t|	95% Conf.	Interval
OA	31.9944200	5.9779710	5.35	0	20.143800	43.845050
OE	−5.4501000	0.4424958	−12.32	0	−6.327306	−5.572913

DD	Coef.	Std.Err.	t	p>|t|	95% Conf.	Interval
lnVA	2.8664700	0.3245265	8.83	0	2.223132	3.5098040
lnVE	−1.3473000	0.2249434	−5.99	0	−1.793221	−0.9013730
lnDP	0.2487637	0.2860631	0.87	0.386	−0.318323	0.8158504
_cons	−52.7190300	3.3200390	−15.88	0	−59.300620	−46.1374400
			$R^2 = 0.9028$			

资料来源：笔者根据实证研究结果整理总结。

可以看到，模型的 R^2 为 0.9028，具有很好的拟合效果。五个变量都在 95% 的置信水平下，都通过了该显著性检验，于是得出违约距离的敏感性估计方程为：

$$\ln(DD) = 32.0 \times \sigma_A - 5.45 \times \sigma_E + 2.86 \times \ln(V_A) - 1.35 \times \ln(V_E) + 0.25 \times \ln(DPT) - 52.7$$

通过对表 5−9 数据结果进行观察可以发现，自变量资产价值波动率提升 1 个百分点，则因变量提升 32 个百分点，信用风险会随着因变量的提升而降低；自变量股权价值波动率提升 1 个百分点，则因变量下降 5.45 个百分点，信用风险会随着因变量的下滑而增加；自变量资产价值增长率提升 1 个百分点，则因变量提升 2.86 个百分点，信用风险会着因变量的提升而降低；自变量股权价值增长率提升 1 个百分点，则因变量下降 1.35 个百分点，信用风险会着因变量的下降而提升；自变量违约点增长率提升 1 个百分点，则因变量上升 0.25 个百分点，信用风险会随着因变量的提升而下降。很明显，在互联网金融业务经营主体违约距离对资产价值及股权价值波动率的变动表现出了非常显著的敏感性，股权价值和违约距离之间具有负相关的关系，违约点、资产价值与违约距离是正相关关系。

通过以上敏感性分析，可以看出互联网金融业务经营主体以及整个行业在发展过程中，信用风险变化受资产价值波动率和股权价值波动率的影响非常大，资产价值波动率提升，会使信用风险减少，而股权价值波动率提升，信用风险会增大。所以为了维持企业存续经营和行业信用风险整体可控，资产价值波动率和股权价值波动率这两个关键要素都是企业经营者和监管当局需要重视的。

股权价值波动率是敏感性分析中，信用风险变化的负向影响因素，而且数值相对较大。股权价值波动率提升，信用风险就会增大。股权价值波动率总体反映宏观环境对互联网金融业发展预期值的大小与投资者等宏观因素预期稳定性呈负相关关系。前者越小，企业和行业发展越稳定；反之亦然。所以对于互联网金融信用风险来说，股权价值波动率具有继续深入研究的价值。本书在第六章将对这个关键变量进行改进，实证研究 KMV 模型的测度结果是否会更精确。

本章小结

本章主要基于 KMV 模型对互联网金融业务的经营主体信用风险进行测度的实证研究，间接反映行业整体信用风险变化情况。实证研究主要包括以下三个部分：

首先，KMV 模型适用性的实证研究。通过实证研究发现，KMV 模型的测度结果能显著区别 ST 和非 ST 的互联网金融业务经营公司，所以 KMV 模型适合互联网金融业务经营主体信用风险的实证研究。

其次，结合第三章互联网金融信用风险的梳理情况，使用 KMV 模型对 2013~2020 年 9 月稳定从事互联网金融业务的上市公司股票作为样本进行信用风险测度的实证研究。研究结果显示，对于仅能判定互联网金融违约状态的数理统计模型多元线性判别模型以及 Logit 非线性回归模型而言，KMV 模型的实证测度结果具有数值大小和变化，能对信用风险进行描述，更加敏感，而且能体现"安全距离"，对于信用风险恶化和传染速度都快于传统金融的互联网金融来说，KMV 模型更优越。另外，在第三章理论梳理互联网金融信用风险的基础上，本章从实证角度，基于股权价值波动率、资产价值及其波动率、违约距离以及违约概率这五个关键指标结合行业发展实际情况，详细分析互联网金融业务经营主体以及行业整体信用风险变化的特点。

最后，对 KMV 模型进行稳健性检验和敏感性分析。敏感性分析研究结果发现：互联网金融业务经营主体以及整个行业在发展过程中，信用风险变化受资产价值波动率和股权价值波动率的影响非常大，资产价值波动率提升，会使信用风险减小，而股权价值波动率提升，信用风险会增大。特别是股权价值波动率，是敏感性分析中信用风险恶化的关键敏感因素，股权价值波动率提升 1%，违约距离（即安全距离）会减少 5.45%，信用风险也会随之增大。基于第三章的梳理，信用风险受宏观系统性和非系统性因素的影响，包括经济政策、投资者情绪等外围因素，同时受企业微观经营情况的影响，而相对于其他变量，股权价值波动率最能综合反映这些影响信用风险变化的因素，同时，根据本章敏感性实证研究发现，股权价值波动率是负向影响违约距离，且数值相对较大，对于互联网金融信用风险恶化的反应最为敏感，所以对于互联网金融信用风险的研究来说，股权价值波动率具有一定深入研究的价值。对于企业经营者和监管当局，为了维持企业存续经营和行业信用风险整体可控，资产价值波动率和股权价值波动率这两个关键要素都是需要重视的关键因素，尤其前者。

第六章

改良后的 KMV 模型对互联网金融
信用风险测度的实证研究

第五章使用KMV模型对互联网金融业务的经营主体信用风险进行测度研究，包括适用性、稳健性、敏感性等，分析后发现，该模型比第四章实证研究使用的线性多元判别模型和 Logit 非线性回归模型更适合互联网金融信用风险的测度。另外，由于 KMV 模型原有股权波动率计算的缺陷，所以本章针对这个关键变量进行优化，基于对比相关模型所具有的实效性，进而对股权价值波动率的优化能否改善 KMV 模型信用风险恶化程度反映精准度做出客观的判别。

第一节　研究问题的提出

谢平等（2012）提出互联网金融模式不仅和资本市场存在的直接融资模式有差别，而且也和银行间接融资模式相差悬殊，虽然互联网金融行业发展迅猛，只有 30 年的时间，但却经历了不同的发展阶段。具有里程碑式警醒意义的是在2015 年前后各种业务模式累积发生的信用风险，特别是 P2P 网络借贷业务方式出现之后，信用风险层出不穷，最终演化为行业的信任危机。信用风险引发危机的业务模式并非传统的互联网模式，主要是因诸多互联网公司参与到政府严格管控的金融市场竞争之内，然而没有任何的传统金融牌照，同时专业化程度较低，难以为网络用户提供多样化的金融服务。即使该业务模式被监管当局强制风险出清，后期行业进入规范发展阶段，但是互联网金融信用风险的监管方式已经由发展初期的创新包容，转变为当前阶段的提高行业准入门槛以提前防范信用风险，变化可谓非常大。对不断演化的互联网金融业务，提高测度经营主体面临的信用风险的精确度成为该行业健康发展的需要。

通过第四章的梳理，互联网金融信用风险不仅具有和传统金融类似的特点，包括具有系统性与非系统性的风险属性、损益分布概率存在不明确性特征、信息数据获得难度非常高、信用风险可以测度和控制；而且也具有互联网基因带来的专有特点，包括信用风险突发性更为迅速、破坏性更强、信用风险可控性变差，涉及面更广、信用风险受市场预期影响更大，信用悖论现象更严重，这些都容易引发社会信用危机。同时，互联网金融经营主体具有混杂性，包括传统金融机构、互联网科技企业以及民间借贷机构等不同类型的机构，专业度较为缺乏，却承担信用链条关键节点的作用，补充投资者有限理性，而业务对象"尾部特征"、社会信用体系未健全，这些都为改进现有互联网金融信用风险测度方法精确度提出更高要求。

第三章回顾了建立在现代金融理论基础上的主要模型类别，包括 KMV、Credit Risk+、Credit Metrics 等一系列重要的模型，因为 KMV 模型所提出的假定和信用风险的含义是完全契合的，所以本书在进行探究时应用了这一模型，作为互联网金融信用风险测度研究的工具。相比基于财务信息的数理统计模型，KMV 模型的理论基础有助于对风险的测量结果展开全面的研究。尽管该模型立足于期权性的角度来看资产与负债的关系，但是在理念上最符合信用风险内涵：当公司"资不抵债"时，公司就会违约。而且信用风险的多少可利用违约距离对应的数值彰显出来，主要以标准差代表违约距离，违约距离指的是资产价值和违约点两者之间所存在的距离，还可被称为一种"安全距离"。并且相较 KMV 模型来说，主要应用了股权价值及资产价值波动率等指标来充分彰显资产价值和股权价值的变化频率，并不是一成不变的数值，这点也优于传统数理统计模型测度信用风险，对信用风险的表示不再只有两种状态：违约或非违约，而是可以通过动态和变化的来观察信用风险的变化，这也符合现代金融理论：从综合收益看风险。

目前 KMV 模型是学者认可的研究测度信用风险的有效工具，主要应用于我国银行、上市房地产公司、公司债券或地方政府债券。同时，学者也对 KMV 模型的主要变量进行研究改进。目前的改进主要从以下三个方面进行：①针对股权价值波动率予以优化。在 KMV 模型之下，主要通过股权价值变动对投资人的收益预期、市场宏观环境变动进行反馈，金融资产的收益率特点非常显著，例如，集聚性；又如，存在一定的偏性及"尖峰厚尾"特点，面对依旧采用传统历史波动率法对股权价值波动率予以核算不利于保障 KMV 模型测度的精确性的现状，国内学者对此采取不同的方法进行改进。②在违约点设置上。KMV 模型标准形式是短期负债加上长期负债的一半，但每个国家，每个行业都有各自特点，学者在研究不同样本时发现，直接套用模型框架中的标准形式会影响 KMV 模型对信用风险不同行业精确度的测量。③资产价值增长率的假设。国内目前通常对大多数公司资产价值增长率假定为零，但实际上资产价值也有增减变化，如果没考虑这点，KMV 模型计算的精确度也会受影响。

本书第五章使用 KMV 模型对互联网金融信用风险测度后，对资产价值、资产价值波动率、股权价值、股权价值波动率、违约点进行敏感性分析。研究发现，对于互联网金融业务的经营主体，影响其信用风险的最大因素是股权价值波动率。股权价值波动率每提高 1 个百分点，违约距离下降 5.45 个百分点，信用风险也因此增大。所以本书的研究就从优化对股权价值波动率描述这一视角切入来提高 KMV 模型测度信用风险的精确度。

学者研究文献对改进 KMV 模型的股权波动率也有一定的研究，但是都是针对银行、债券、中小企业等其他商业机构。例如，Crosbie 和 Bohn（2002）和在核算股权价值、资产价值和波动率等一些指标时，采用了改良莫顿模型进行分析，结论显示，KMV 模型的测量精准度明显提升。Dionysiou 和 Charitou（2008）为解决 KMV 模型对非线性方程组进行求解过程中所遇到的麻烦，在 KMV 模型基础上开发除预测违约率的模型，操作起来更为简单。W. Lee（2011）使用遗传算法寻找最优违约点，提高了 KMV 模型的精确度。王新翠等（2013）使用 SV-KMV 与 GARCH 两种方法计算股权价值波动率，提高了 KMV 模型的测度效果。在现有研究成果中，使用 KMV 模型测度信用风险的对象还包括各类银行、上市房地产公司、上市新能源公司、地方政府债券等。研究结论认为 KMV 模型采用股权价值波动率，能够提高中国企业信用风险测度的准确性。

股权价值波动率改进实际上就是对资产价值不确定性进行准确计量的问题。

要取得一个相对准确的股权价值波动，就是在合适的期权条件下对资产价值及其波动进行准确计量。传统 KMV 模型采取统计学领域的方式来核算股权价值波动率，认为公司股票价格的收益率要满足对数正态分布，而实际上常用的 t 分布和正态分布假定无法捕捉我国股市收益率的分布具有明显"尖峰厚尾"的特点。传统的 KMV 模型波动率采用简单移动平均方法和指数移动平均，但如果市场出现类似 2018 年的股灾，后续的股权价值波动率将会长期维持在一个高波动的水平状态，简单易懂的平均法就无法很好反映这个特征。

对金融时序的相对精确描述是改进股权价值波动率的关键。目前，对波动率的测度模型有两种类型：一种是具有确定函数形式，但股票价格的数据是历史数据，同时基于过去波动率的基础进行计算。另一种是使用参数，引入新的信息项来计算波动率，但后者变量较不实用。本书采用前者计算股权价值波动率。由于广义条件异方差模型 (GARCH) 得到了很多金融实践经验的证实，对于我国股市特征，它能够比传统简单统计模型更显著反映波动率，善于刻画波动的时变特性，更符合金融数据的特征，而传统方法均无法捕捉这种特征。此外，本书研究在 GARCH 模型基础上，引入广义误差分布（GED）改良后的 EGARCH-M 模型来与之对比分析。

本书第六章的研究设计是采用三种股权价值波动性的计算方法结合 KMV 模型对互联网金融信用风险进行测度，通过比较测度结果，确定最适合互联网金融信用风险的测度模型。改进股权价值波动性描述主要包括三种方法：KMV 模型原来自带的简单移动平均统计方法、基于正态假设下善于刻画波动时变特征的 GARCH 模型以及改良后的 EGARCH-M 模型。本书实证研究先分别计算出这三种股权价值波动率以及其他参数，在此基础上获得 KMV 模型对互联网金融信用风险的三种不同测度结果，通过比较来确定对互联网金融信用风险的时间序列数据波动规律性描述最为准确的模型。

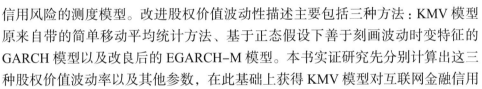

第二节 融合互联网金融信用风险 特点的 KMV 模型改良

本节实证研究首先分别计算出三种股权价值波动率以及 KMV 模型的其他参数；其次采用 KMV 模型对互联网金融信用风险进行测度，获得三种不同的测度结果；最后通过比较来确定最适合测度互联网金融信用风险的模型。

一、GARCH 对 KMV 模型改良

1982 年 Engle 提出的自回归条件异方差 ARCH 模型，1986 年 Bollerslev 提出的广义 ARCH 模型，简称 GARCH 模型。该类模型能够较好地刻画波动的时变特性。

设 y_t 为对数收益率，令 $a_t = y_t - \mu_t$ 为 t 时刻的新信息。如果 a 满足下式：

$$a_t = \sigma_t \epsilon_t \tag{6-1}$$

$$\sigma_t^2 = \alpha_0 + \sum_{i=1}^{m} \alpha_i \alpha_{t-i}^2 + \sum_{j=1}^{s} \beta_j \sigma_{t-j}^2 \tag{6-2}$$

其中，σ_t 是均值为 0、方差为 1 的独立同分布随机变量序列，$\max(m, s)$，$\alpha_0 > 0, \alpha_i \geq 0, \beta_j \geq 0, \sum_{i=1}^{\max(m,s)} (\alpha_i + \beta_i) < 1$（这里 $i > m, \alpha_i = 0$，$j > s, \beta_j = 0$），那么称 a 服从 GARCH(m, s) 模型。特别地，当 $m=1, s=1$ 时，则得到 GARCH$(1,1)$ 模型：

$$a_t = \sigma_t \epsilon_t, \sigma_t^2 = \alpha_0 + \alpha_1 \alpha_{t-1}^2 + \beta_1 \sigma_{t-1}^2, 0 \leq \alpha_i, \beta_1 < 1, \alpha_1 + \beta_1 < 1 \tag{6-3}$$

二、EGARCH-M 对 KMV 模型改良

学者研究引入条件方差模型描述股权市值未来波动率，通过 GARCH 模型这一有效的手段，对股权价值波动率予以估测，建立了新的 KMV 模型，并且经过实证研究发现传统 KMV 模型在信用风险识别方面具有优越性。然而很强的负相关性存在于多数股票的当前收益率和未来波动之间，这是杠杆效应。GARCH 方法对正负"扰动"反应相同，基于正态分布的假设，而且对于高频数据的"肥尾"现象无法解释，主要由于 GARCH 方法的尾部比较薄。所以本书同时使用 EGARCH-M 进行改进后的模型比较。

使用 EGARCH-M 指数自回归条件异方差均值法对股权价值波动率进行核算，站在理论的角度展开剖析，EGARCH-M 法对比来说，在描述非对称效应上表现出了显著的成效，并且将条件方差应用到均值方程中来清晰地描述风险溢价伴随时间变动所形成的动态关系，也更符合互联网金融信用风险的时变性。其均值方程为式（6-4），条件方差被设定为式（6-5）。

$$y_t = x\gamma + \rho\sigma^2 + \mu \tag{6-4}$$

$$\log(\sigma_i{}^2) = \omega + \beta\log(\sigma_{t-1}{}^2) + \alpha\left|\frac{u_{t-1}}{\sigma_{t-1}}\right| + \gamma\frac{u_{t-1}}{\sigma_{t-1}} \tag{6-5}$$

在式（6-5）中，EGARCH 方法左边条件方差主要以对数的方式来进行呈现，这意味着杠杆效应是非负数的，同时还达到了指数级别。如果 $\gamma \neq 0$，那么通过指数自回归条件异方差模型的相关原理可以清楚地证实，冲击的影响力具有非对称性，因此杠杆效应的假定在这个公式里被证明存在。在这点上，也不同于条件方差在 GARCH 方法中的二次表达形式。

第三节　改良后 KMV 模型对互联网
金融信用风险测度的实证分析

一、样本选取及参数设定

（一）样本选择

为了保持和第四章研究的一致性和可比性，本章 KMV 模型作为测度工具适用性的判断标准同样为是否能对 ST 公司和非 ST 公司清晰区分，也参照第四章

选取样本的方法和程序，查询万得（Wind）数据库、新浪财经发布的互联网金融概念股或构成互联网金融指数的股票后，选取 2017~2020 年持续经营互联网金融业务的 18 家 ST 和非 ST 公司，其中，被 ST 的 18 家公司时间为 2020 年。KMV模型的关键参数股票交易价格、流通和非流通股本数、每股净资产、短期负债、长期负债等各项财务及利率数据来源于 Wind 数据库。

（二）参数设定

本章作为模型修改的验证，为保持和上述结果的可比性，其他参数的设定和前面 KMV 模型相同，只是在股权价值波动率方面，分别使用传统统计方法、GARCH 方法、EGARCH 方法进行计算，然后结合 KMV 模型进行测度结果的比较。

二、实证过程与结果分析

（一）实证过程分析

鉴于平稳残差序列建模的需求在 GARCH 类模型中是前提条件，所以先对日收益率时间序列进行 ADF 平稳性统计检验，以确定 GARCH 类模型是否适用。

在第三章对互联网金融行业的主体进行过分析，不仅包括金融企业，而且包括没有从事过金融服务的互联网或其他行业的龙头企业，利用行业优势或垄断地位，通过互联网技术与搭建的互联网平台提供金融服务，这就是目前互联网金融行业混业竞争的现状。所以在检验样本时，以行业为划分标准进行平稳性检验，结果如表 6-1 所示。

表 6-1　股票收益率序列基本统计描述

日收益率统计量	材料	医疗保健	房地产	工业	可选消费	金融	信息技术
平均值	−0.001849	−0.00113	−0.00084	−0.001129	−0.00173	0.000254	−0.001129
中位数	0	0	0	0	0	0	0
最大值	0.09709	0.09699	0.09671	0.096498	0.18289	0.09679	0.182739
最小值	−0.31255	−0.10742	−0.5698	−0.729641	−0.44115	−0.72467	−1.20535
标准差	0.03149	0.03021	0.03661	0.02978	0.03205	0.03589	0.041006
偏度	−1.59E+00	0.22965	−1.85464	−2.94615	−0.4077	−3.84299	−4.361706
峰度	1.57E+01	2.570566	27.64378	78.27977	8.5646	70.13476	89.466198
J–B 检验	（<2.2e−16）	（2.2e−16）	（<2.2e−16）	（<2.2e−16）	（<2.2e−16）	（<2.2e−16）	（<2.2e−16）

资料来源：笔者根据实证研究结果整理总结。

表 6-1 股票收益率序列基本统计描述显示，各行业的数据序列都符合平稳过程。从表 6-1 可以看出，所有行业的数据都存在明显的波动性和聚集性，偏度除了医疗保健行业的互联网金融企业外，都小于 0，说明收益率序列整体左偏，峰度同样十分相似，整体而言超过了 3，意味着收益率序列对正态分布而言是完全不服从的，表现出了显著的尖峰肥尾特点；通过 J-B 进行检测的 p 值均比 0 小，同时对原假定予以拒绝，这同样意味着样本序列对正态分布是完全不服从的。

经过平稳性检验和分析后，首先，构建基于广义误差分布下的 GARCH（1，1）-M 模型以及 GARCH（1，1）模型，其次，采用 ARCH-LM 检验以对数似然值指标对这两个模型的残差进行检验，发现均不再存在异方差。从检验标准上来看，这两个模型在估测参数的优势与不足上，准则函数值（AIC、SC 值）较小的情形下，意味着对数似然值非常高，表明模型估测结果非常精准；反之亦然。

在表 6-2 中，AIC 和 SC 指标值 EGARCH（1，1）-M 三个值都低于 GARCH（1，1），并且在对数似然值指标方面是完全相反的，因此站在模型估测的优势和不足的角度而言，和 GARCH（1，1）模型相比，EGARCH（1，1）-M 估测效果要更好。

表 6-2　波动率模型指标比较

	GARCH	EGARCH
AIC	-4.673	-4.684
SC	-4.664	-4.6696
对数似然值	4545.221	4557.854

资料来源：笔者根据实证研究结果整理总结。

上述检测结果充分证明，EGARCH 模型对测量互联网金融业务经营模式之下所形成的信用风险具备普遍的适用性。可对样本企业每日价格予以收集、调研，进而明确股票对数收益率序列，接着建立 EGARCH-M 模型，在此基础上提升股权价值波动率的年值。

（二）实证结果分析

1. 模型效果对比

通过选择三种计算股权收益率波动率模型后，按照和前面章节一样的计算步骤，获得互联网金融业务经营公司 ST 的违约距离，这 18 家公司是在 2020 年成为 ST 公司的，表 6-3 中显示 2017~2020 年这四年，按照 KMV 模型原有统计学计算方法、GARCH、EGEARCH-M 对 ST 公司计算的违约距离 DD 值。

表 6-3 ST 股票预测率

年份	原方法	GARCH	EGEARCH-M
2017	1.979776	2.474566	1.632405
2018	1.261955	1.554773	1.021957
2019	0.710865	0.735235	0.566094
2020	0.411305	0.52602	0.499242

资料来源：笔者根据实证研究结果整理总结。

从表 6-3 中可以看出，EGEARCH-M 计算的违约距离最小，而原来 KMV 模型计算方法获得的违约距离居中，用 GARCH 计算方法获得的违约距离最大。

为了更为清晰地显示实证结果的区别，本研究用图 6-1 表示。在图中，虚线、中线、实线分别表示使用 GARCH、KMV 模型原来方法以及 EGEARCH-M 方法计算得到的违约距离。

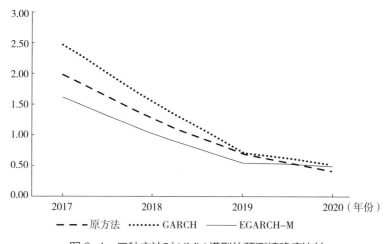

图 6-1 三种方法对 KMV 模型的预测精确度比较

从图 6-1 可知，三条线的趋势 2017~2020 年是向下的，说明这三种方法清晰预示了互联网金融 ST 公司信用风险持续恶化的事实。具体来看，对互联网金融业务经营主体信用风险恶化的描述，EGEARC-M 模型最为精确和时变。

2. 结论

综合以上情况可以得出结论，EGEARCH-M 模型计算股权波动率，并以此来计算互联网金融业务经营公司面临的信用风险，这和传统的 KMV 模型相比，对互联网金融信用风险的识别精度更高，时变性更强，比较充分且反应较为迅速。

本章小结

由于股权价值波动率对于互联网金融信用风险描述的关键作用，本章对该关键变量进行模型改进，并实证研究对互联网金融信用风险恶化测度的改进情况。由于原来 KMV 模型的股权价值波动率是根据统计方法计算得来的，而 GARCH 模型相对来说，优点是能够提高时变性的表述，缺陷在于对样本要求是基于正态分布，所以在引入 GARCH 模型的同时，也采用对样本没有正态要求的广义误差分布（GED）下的 EGARCH–M 模型与之进行比较。

本章首先通过这三种方法计算股权价值波动率，提高对波动率刻画的精确程度，来对 KMV 模型进行改良。其次结合 KMV 模型以及互联网金融业务经营主体的行业特色样本进行实证研究，比较这三者在描述互联网金融信用风险金融时间序列数据波动规律性的准确程度上优越性的区别，从而提高 KMV 模型对互联网金融信用风险恶化程度测度的准确性。

通过实证研究可以得出结论，EGARCH–M 模型计算股权波动率，并以此来计算互联网金融业务经营公司所面临的信用风险，这和传统 KMV 模型相比，对互联网金融信用风险的识别精度更高，时变性更强，比较充分且反应更为迅速。

第七章

改良后的 KMV 模型对互联网金融行业的应用研究及相关建议

前文的实证研究确定 KMV 模型比多元线性判别模型以及 Logit 非线性回归模型更适合互联网金融信用风险的测度后，选择代表性样本，使用 KMV 模型进行信用风险测度的实证研究，在 KMV 模型通过稳健性检验后，进行敏感性分析发现，股权价值波动率对信用风险恶化程度的影响是关键指标。本书第六章对这个关键变量进行改进，选择 GARCH 与 EGARCH-M 增加股权价值波动率的计算精确度，实证研究结果发现，基于 EGARCH-M 的 KMV 模型测度精确度最高。本章从宏观和微观角度，基于 EGARCH-M 的 KMV 模型对互联网金融信用风险测度结果进行应用，为互联网金融业务经营企业的存续经营以及信用风险的监管进行建议。

第一节　微观角度的应用及企业经营建议

一、研究问题的提出

客观来讲，互联网金融作为诸多谱系概念中的一种，可将之作为当前阶段所有与金融相关联的组织与市场等结合起来的全部金融交易与组织形式。互联网金融较之当前已存在的诸多金融交易与组织形式而言，有着信息化技术与精神的有力依托，因而能够实现更大范围的覆盖。基于此，互联网金融可被认为是和资本市场存在的直接融资方式以及银行的间接融资方式这两种融资手段截然不同的另外一种融资模式。这个概念是 2012 年谢平等（2014）提出来的，虽然已经过去 10 年，但不得不说非常具有前瞻性和实质性，即使这几年互联网金融行业发展迅猛，业务模式不断变化，这认知仍然能解释这些变化，因为这概况触及互联网金融的本质。

在互联网金融的发展过程中，不同的认知观点和实践尝试不断涌现。部分专家学者认为，互联网金融作为一种对现有金融模式与运行结构的挑战，对于实现金融运行效率的进一步提升而言，有着较积极的促进作用与效果（吴晓求，2014；张晓朴和朱太辉，2014）。与此同时，也有部分专家学者认为，互联网金融旨在基于互联网来进行金融相关业务的有效运作，从本质上来讲，仅是一种技术手段（杨凯生，2013；陈志武，2014；殷剑峰，2014）。在业界，互联网金融领域的各种尝试从未间断。互联网企业开始涉足金融行业,例如,腾讯集团与阿里巴巴集团等知名企业均参与了首批民营银行试点工作,第三方支付开始走进大众视野并不断获得公众的传播与认可,对传统支付方式带来了严重冲击。为了进一步推动第三方支付的发展,阿里巴巴旗下的余额宝开始向基金行业渗透。随着电子商务的蓬勃发展,早在 20 世纪 90 年代末,传统金融机构便开始积极开展网上业务。后来甚至直接利用自身金融功能优势搭建电商平台,比如中国银行推出的"云购物"业务,再如工商银行推出的融 E 行业务,还有建设银行推出的"善融商务"等业务,更是由此衍生了 P2P 网贷业务。除以上有互联网背景和金融背景的企业外,部分民间机构也在现有客户资源的依托下积极开展 P2P 业务,借以实现其规模与利润的进一步扩大。

从互联网金融行业发展过程来看,很难将互联网仅仅作为单纯的技术解释各种具体业务模式和形态的变化和发展,金融功能结合互联网技术带来的改变是革命性的。自互联网技术出现以来,发展迅速。目前,在形式上和以往已大不相同,以大数据、社交网络、搜索引擎以及云计算为代表。这个阶段的互联网技术主要有三个重要特征:一是信息数字化;二是计算能力进一步发展,诸如云计算、量子计算等,不仅突破了集成电路性能的物理界限,而且达到了超高速的核算能力;三是通信手段不断完善,实现了现有技术手段诸如互联网、通信网络、广播电视网络等的融合发展,Wi-Fi 的覆盖面不断扩展。这三个重要特征打破了固有技术壁垒,使其成为公认的"颠覆性技术",助力互联网金融行业的迅猛发展。目前,这三大颠覆性技术仍在演变发展中,信息数字化让信息传播方式发生根本性变化,同纸媒时代相比,无论在表述方式、信息载体以及传播速度方面都发生了质的飞跃;物理理论支持计算能力继续发生突变;网络基础设施的搭建已初具规模,互联网金融的迅猛发展让网络具备基本的金融功能,网络作为人类另外一个生活空间已越来越便利。

互联网金融发展到目前阶段,处于混业经营,牌照准入的阶段。经营互联网金融业务的公司有着各自不同的发展历史和经营优势,根据持有金融牌照的不同,从事着投融资、保险、支付、金融信息服务等互联网金融业务。整个行业发展历史很短,按照进入行业时公司的性质,目前的互联网金融公司主要分为三类:传统金融机构、大型互联网企业以及金融机构与非金融机构利用自身优势成立的合资公司。经营互联网金融业务的经营主体是整个行业的重要组成部分,其信用风险的大小不仅决定着企业自身的存续,而且影响着整个互联网金融行业的健康发展。2018 年发生行业信任危机后,监管当局要求互联网金融公司根据自身优势,选择公司的经营重点是互联网技术还是金融业务,目的就是防止行业垄断,降低信用风险发生的概率。

互联网金融业务经营企业的经营业绩不仅受到信用风险因素的影响，还受到其他多种因素的影响，包括现金流状况、现金使用效率等。Bayaraa（2017）从成长性、营利性、资本结构、流动性等角度研究经营业绩的影响因素，实证研究以 ROA、ROE 作为因变量，代表以上角度的财务指标作为自变量，选择蒙古国 2012~2015 年上市公司六个行业 100 家公司的数据进行回归分析，研究结果发现，不同行业财务比率对财务业绩的影响程度各不相同。Ramji（2018）为检验尼泊尔银行财务业绩的影响因素，选择 2006~2016 年 10 家商业银行的数据进行多元线性回归，研究发现，影响商业银行财务业绩比较重要的因素包括资本充足率、管理效率、国内总产值、流动性管理以及资产质量。Ephias 和 Athenia（2020）选择 18 家南非银行 2008~2018 年的面板数据建立线性回归模型，实证检验结果发现信用风险、资本充足率、公司规模和银行杠杆对财务业绩都有正向或负向的影响。

综上所述，业界发展和学术界研究的现状都显示出，互联网金融业务的经营主体在经营过程中重视信用风险的重要性。因为这不仅关系到企业自身的存续，而且关系到企业盈利的实现以及未来发展策略的可行性。另外，通过回顾财务业绩与信用风险及其他影响因素实证研究的相关文献，本章节也遵循现有研究思路，对互联网金融业务经营主体的财务业绩影响因素进行实证研究。选择第六章 KMV 模型测度结果作为信用风险自变量，其他自变量包括流动性、营利性、资本结构以及成长性方面，检验财务业绩作为因变量与信用风险等因素作为自变量之间的相关性，为企业经营在控制信用风险与取得良好财务业绩之间取得平衡提供思路。

二、实证研究

（一）样本选取与参数设计

1. 样本选取

通过第六章实证研究发现，基于 EGARCH-M 改进后的 KMV 模型对当下混业经营的互联网金融业务企业或整体行业日益复杂多变的信用风险测度更加灵敏，而且本身就具有 KMV 模型以下的三点优势：①建立在现代金融期权理论基础上，相对于简单数理统计模型，该模型不仅能够实现与相关理论的有机结合进而对相关研究展开更为深层次探究，也能够就信用风险的大小和变化予以直观体现；②整体设计思路最符合信用风险生成机理，同时不仅考虑企业内部的财务状况，还参考股价行情和利率等外部因素，充分结合各种信用风险的影响因素，所以测度结果更准确；③由于股价数据可实时更新，反映投资者预期和外部环境变化的各种因素，所以该模型能及时反映信用风险变化，具有前瞻性。所以本章采用改进后的 EGARCH–M 模型的测度结果进行相关性实证研究。

本章选取的样本和第六章互联网金融信用风险行业分析时相同，从 2013 年至 2020 年 9 月稳定从事互联网金融业务来自深交所的 24 只上市公司股票作为 KMV 模型实证研究的样本，无论从时间维度还是横截面都能充分体现互联网金融行业经营企业的发展特点以及当下的混业经营状态。

2. 参数设计

（1）因变量。财务业绩。本书的回归分析，因变量是财务业绩，选择 ROA 和 ROE 来代表。自变量的选择来自信用风险、流动性、营利性、资产结构、成长性这五个角度。在回归模型中，作为自变量之一的信用风险选择第六章 KMV 模型实证结果的违约距离的数值、其他自变量选择相应财务比率的数值，因变量分别选择 ROA、ROE 的数值，进行两组回归实证研究。根据文献回顾，ROA 和 ROE 最能代表财务业绩的指标。ROA 是税后利润除以平均资产总额，作为解释互联网金融业务运营公司资产使用程度以及产生盈利的能力。ROE 是税后利润除以所有者权益均值，作为解释互联网金融业务运营公司使用股东资产创造利润的能力。

（2）自变量。

1）信用风险。信用风险也称为违约风险，是债务工具的波动并因此获得价值。（Lopez 和 Saidengerg，2005）。以往关于财务业绩和信用风险的实证研究通常是针对银行系统，信用风险指标选择不良贷款作为自变量，结果表明自自变量与因变量间有着诸多关联与影响，同时证明信用风险管理对企业很关键（Mushtaq，Ismail 和 Hanif，2013）。鉴于互联网金融业务具有互联网基因和金融属性，本书的研究选择第六章实证结果违约距离指标代表信用风险作为自变量指标，该指标能及时且具有前瞻性地反映信用风险。指标值越大，距离破产越远，则信用风险越小。

2）流动性。流动性是指偿还负债的可能性。有效的流动性管理不仅能让企业存续，而且还能使企业获得良好的财务业绩。Amal 等（2012）研究了 25 家约旦保险公司 2002~2007 年样本数据发现包括流动性在内的四个变量和企业财务业绩呈正相关。本书的研究还选择流动比率、速动比率、现金比率、经营性现金流和流动负债比值等四项比例指标作为自变量。实证研究的目的在于研究互联网金融业务经营企业的流动性和财务业绩之间的关系。

3）盈利性。盈利性指标是用来衡量公司总资产和股东投资产生收益情况的指标，股东对盈利能力与财务业绩之间的关系很感兴趣。Bayaraa（2017）以蒙古国上市公司为样本，选择毛利率、每股收益、成本/收入这三个变量作为盈利性指标，发现前两个指标对于 ROA 和 ROE 预测特别有效。本书的研究使用 EBIT、净利润、毛利/资产总额或销售总额作为实证研究盈利性的指标。

4）资本结构。资本结构是指在融资中债务和所有者权益的比率，这结构对公司管理层和股东很关键，特别是决策涉及盈利为主还是维护公司所有权为主时尤其如此。Dursun 等（2013）使用决策树方法在土耳其上市公司 2005~2011 数据样本进行实证研究发现，长期资产/总资产、流动资产/总资产、短期资产/债务总额这三个比率在衡量财务业绩中是第二重要的资本结构变量。本书的研究使用总负债/所有者权益、长期负债/所有者权益以及总债务/总资产、流动资产/总资产作为代表资本结构的变量。

5）成长性。成长性是指公司管理的有效程度，是决定公司财务业绩的关键内部指标，然而，这也是比较复杂的财务指标。Ephias（2020）选择总资产/销售总额作为反映公司成长性的变量，结果发现该指标和 ROA 之间呈负相关，而和 ROE 之间呈正相关。本研究研究使用销售净额/营运资金、销售净额/固定资产、每股净资产增长率、销售增长率、资产周转率作为衡量成长性的变量。

（二）实证过程与结果分析

1. 实证过程

第一步，使用 EGARCH-M 对代表互联网金融业务经营主体的样本进行信用风险测度。违约距离的大小表示信用风险的程度。

第二步，对样本进行 Anderson-Darling 测试，判断样本是否符合正态分布。测试结果显示样本符合正态分布。

第三步，由于样本是跨期面板数据，进行 Hausman 测试，判断固定模型还是随机模型适合因变量。结果数据如表 7-1 所示。

表 7-1　ROA 和 ROE 的 Hausman 测试

因变量/统计值	chisq	df	p-value
ROA	85.859	19	1.78E-10
ROE	2.1281	19	1

资料来源：笔者根据实证研究结果整理总结。

由于 ROA 的 p 值小于 0.05 而 ROE 的 p 值大于 0.05，因此，ROA 应采用随机效应模型，而 ROE 采用固定效应模型。

第四步，采用 RESET 测试判断回归方程采用线性回归模型还是非线性回归模型。结果数据如表 7-2 所示。

表 7-2　ROA 和 ROE 的 RESET 测试

因变量 / 统计值	RESET	df1	df2	p-value
ROA	41.125	2	162	3.60E-15
ROE	4.248	2	162	0.01592

资料来源：笔者根据实证研究结果整理总结。

由于 ROA 和 ROE 的 p 值都小于 0.05，所以本书的实证研究采用非线性回归模型。

经过以上测试，ROA 选择随机效应的非线性模型进行回归分析，而 ROE 选择固定效应的非线性模型进行回归分析，同时结合最小二乘法。

第五步，判断变量是否出现共线性，本书的研究还对样本采用 Johansen 协整法进行协整测试，结果如表 7-3、表 7-4 所示。

表 7-3　ROE 关键变量的协整测试

R 值 / 临界值	test	10pct	5pct	1pct
R ≤ 4	34.69	7.52	9.24	12.97
R ≤ 3	44.43	13.75	15.67	20.2
R ≤ 2	78.16	19.77	22	26.81
R ≤ 1	98.58	25.56	28.14	33.24
R=0	120.77	31.66	34.4	39.79

资料来源：笔者根据实证研究结果整理总结。

表 7-4　ROA 关键变量的协整测试

R 值 / 临界值	test	10pct	5pct	1pct
R ≤ 6	31.05	7.52	9.24	12.97
R ≤ 5	63.71	13.75	15.67	20.2
R ≤ 4	70.24	19.77	22	26.81
R ≤ 3	82.81	25.56	28.14	33.24
R ≤ 2	98.04	31.66	34.4	39.79
R ≤ 1	102.42	37.45	40.3	46.82
R=0	146.18	43.25	46.45	51.91

资料来源：笔者根据实证研究结果整理总结。

对于 ROE, 当 R 值小于等于 4 时, 测试值为 34.69, 大于 10%、5%、1% 显著性的测试值分别为 7.52、9.24、12.97, 说明存在大于 5 个协整关系, 各个指标通过协整测试, 指标之间不存在共线性, 可以作为 ROE 的自变量进行回归分析。在 ROA 的协整测试中, 当 R 值小于等于 6 时, 测试值为 31.05, 大于 10%、5%、1% 显著性的测试值分别为 7.52、9.24、12.97, 说明存在大于 7 个协整关系, 各个指标通过协整测试, 指标之间不存在共线性, 可以作为 ROA 的自变量进行回归分析。

2. 结果分析

先对变量进行描述性统计。结果如表 7-5 所示。

表 7-5　样本描述性统计结果

单位: %

变量	ROA	ROE	F1	F2	F3	F4	M1	M2	M3	M4	
Min	−96.19	0.62	0.43	0.09	−1.51	−81.12	−2.9	−84.94	−68.85	−57.42	
Median	7.712	2.27	1.93	1.04	0.16	11.6	37.6	11.07	17.74	5.93	
Mean	8.62	3.43	3.1	1.93	0.23	13.9	40.17	12.46	35.45	7.13	
Max	57.69	32.05	31.03	22.66	2.35	74.29	91.8	69.89	1466.96	55.17	
变量	M5	D1	D2	D3	D4	V1	V2	V3	V4	V5	DD
Min	0.03	14.08	0	2.44	0.03	0.16	0.8	−27.19	−82.58	−0.9	−0.65
Median	0.5	74.95	2.7	33.38	0.53	1.41	9.94	14.16	3.22	1.86	1.9
Mean	1.09	71.92	30.57	38.6	0.92	4.63	30.44	54.25	7.51	1.79	1.8
Max	5.92	96.83	931.15	85.55	12.37	101.29	646.47	4792.75	532.07	3.45	4.09

资料来源: 笔者根据实证研究结果整理总结。

表 7-5 中的研究数据表明, ROA 的变化范围从 −96.19% 到 57.69%, 均值为 8.62%, 而 ROE 变化范围从 0.62% 到 32.05%, 均值为 3.43%。这是互联网金融业务经营公司的财务业绩情况。代表信用风险的违约距离变化范围从 −0.65 到 4.09, 均值为 1.8, 这说明有些公司已经发生信用风险而有些公司信用风险很小。这有助于对互联网金融行业整体的了解。

对 ROA 与 ROE 的因变量与自变量做相关性分析, 结果如表 7-6 所示。

表7-6　ROA 和 ROE 的回归分析相关系数

回归分析			ROA（因变量）	ROE（因变量）
信用风险	DD	违约距离	−0.344	−0.014
			（−2.136）**	（−1.196）
流动性	F1	流动比率	0.34	0.097
			−0.997	（40.111）***
	F2	速动比率	−0.485	0.054
			（−1.145）	（1.808）*
	F3	现金比率	−0.176	−0.02
			（−0.319）	（−0.508）
	F4	经营性现金流/流动负债	−0.144	0.029
			（−2.513）**	−0.719
盈利性	M1	EBIT/销售总额	0.1	−0.065
			（3.484）***	（−0.318）
	M2	净利率	0.319	−0.031
			（4.894）***	（−0.674）
	M3	毛利率	0.015	0.027
			（3.532）***	−0.915
	M4	销售收入增长率	1.157	0.012
			（9.575）***	−1.42
	M5	投资回报率	−4.069	0.011
			（−4.785）***	（1.845）*
资本结构	D1	总负债/所有者权益	0.141	−0.072
			（2.992）***	（−2.153）**
	D2	总负债/总资产	0.003	−0.048
			−0.712	（−1.473）
	D3	长期负债/所有者权益	0.041	0.047
			−1.479	（2.405）**
	D4	流动资产/总资产	−4.065	0.037
			（−6.190）***	−0.796

回归分析			ROA（因变量）	ROE（因变量）
成长性	V1	资产周转率	0.191	−0.04
			（2.500）**	（−0.742）
	V2	销售净额 / 营运资金	0.058	−0.083
			（8.617）***	（−1.739）*
	V3	销售净额 / 固定资产	−0.002	−0.084
			（−1.687）*	（−0.851）
	V4	资产增长率	0.024	−0.021
			（4.367）***	（−0.546）
	V5	每股净资产增长率	−0.318	−0.015
			（−0.859）	（−0.582）
变量数量			142	142
Adjusted R-squared			0.9558	0.9987
F-statistic			210.172	3454

注：*、**、*** 表示在 1%、5%、10% 的水平上显著。

资料来源：笔者根据实证研究结果整理总结。

表 7-6 为 ROA 和 ROE 的回归分析相关系数表。ROA 的 R 值为 0.9558，而 ROE 的 R 值为 0.9987，说明自变量对 ROA 的解释性达到 95.58%，对 ROE 达到 99.87%。

信用风险与财务业绩呈负相关，如果违约距离增加 1%，那么 ROA 降低 34.4%，ROE 降低 1.4%，所以互联网金融业务经营主体要取得良好的经营业绩，信用风险的控制非常重要。

在流动性指标中，流动比率与 ROA 和 ROE 呈正相关，系数为 0.340 和 0.097，说明流动比率对 ROA 的影响更大。然而，现金比率与 ROA 和 ROE 呈负相关，相关系数是 −0.176 和 −0.020，因此，对互联网金融业务经营企业来说，除了现金和现金等价物以外的流动性构成对财务业绩比较重要。速动比率对于 ROA 是负相关，相关系数为 −0.485，而对于 ROE 是正相关，相关系数为 0.054，这说明这个指标对于财务业绩的作用比较复杂，相同情况也发生在经营性现金流 / 流动负债指标上。

盈利性指标对财务业绩最重要。毛利率和销售收入增长率对于 ROA 和 ROE

呈正相关，系数为 0.015、1.157 与 0.027、0.012。这说明控制成本有利于提高财务业绩。然而，EBIT 和净利率和经营费用直接相关，所以这两个指标和财务业绩是负相关，相关系数对于 ROA 为 0.100 与 0.319，ROE 为 –0.065 与 –0.031。这样的结果差异也许由管理层和股东立场不同导致。值得注意的是，投资回报率对于 ROA 的负相关系数为 –4.069，所以财务业绩受到该指标影响很大。这预示着互联网金融业务的经营主体在进行投资决策时要特别慎重。

在资本结构的指标中，长期负债 / 所有者权益对于 ROA 和 ROE 是正向关系。这意味着长期投资有助于提高互联网金融业务经营主体的财务业绩。流动资产 / 总资产对于 ROA 的相关系数为 –4.065，这意味着该指标对于财务业绩负向影响很大。所以互联网金融业务经营企业要取得良好的财务业绩，控制流动资产的规模和占比非常关键。

在成长性指标中，每股净资产增长率、销售净额 / 固定资产对于 ROA 和 ROE 都是负相关。对于互联网金融业务经营企业，加大固定资产规模和在外流通股份对提高经营业绩都很有帮助。其他三个成长性指标与 ROA、ROE 的相关性都是矛盾的。

综上所述，自变量和因变量之间的关系主要有三类：①自变量的指标对于 ROA 和 ROE 都是正相关；②自变量的指标对于 ROA 和 ROE 都是负相关；③自变量的指标对于 ROA 和 ROE 相关方向矛盾，这需要进一步深入分析。

三、企业经营建议

财务业绩对于互联网金融业务经营公司是非常重要的指标。本章实证研究结果为企业经营互联网金融业务，平衡信用风险的控制和取得良好财务业绩提供了有用的启示，在企业具体经营决策时，相关系数的大小和方向为经营者提供了关键的帮助。在做具体经营决策时，是否有利于取得良好的企业财务业绩，同时控制信用风险，主要可以从三个角度考虑具体决策如何影响以下指标的变化和程度：

（1）第一种情况，对于财务业绩的指标 ROA 和 ROE 都是正相关的指标，例如，流动比率、毛利率、销售增长率、长期负债 / 所有者权益比率，企业在做具体经营决策时如果能引起这些指标的正向变化，基本可以考虑。

（2）第二种情况，对于财务业绩的指标 ROA 和 ROE 都是负相关的指标，例如，违约距离、现金比率、销售净额 / 固定资产、每股净资产增长率，企业在做具体经营决策时如果导致这些指标正向变化，企业财务业绩就可能受到负面影响，只是程度不同，所以这方面经营者要非常注意，这类指标为企业决策提供底线思维。例如，当扩大流动资产时要慎重，如果购买股东资产或发行股份，对企业经营财务业绩一定程度上会有好处。

（3）第三种情况，对于财务业绩的指标 ROA 和 ROE 相关系数相反的指标，例如，速动比率、资产周转率等。企业经营具体决策引起这些指标变化，则需要进一步深入分析比率构成的影响情况。经营决策者需要把这些指标和实际经营情况结合起来考虑，毕竟，负相关系数很大的指标可以被决策者作为底线参考，例如，投资回报率和流动资产／总资产。

综上所述，本章的研究结论可以为互联网金融企业在制定具体经营决策或发展策略时提供有效参考，但是具体情况需要结合公司经营历史以及行业具体发展情况来考虑。

第二节　宏观角度的应用研究及监管政策建议

一、研究问题的提出

互联网金融行业的发展情况与监管紧密相关，这可以从互联网金融短暂的发展历史中充分体现出来。当互联网技术突破瓶颈后，网络空间逐渐形成，电子商务迅猛发展，金融功能随之在网上提供，互联网金融业务开始逐步出现。支付是最早发展的互联网金融功能。其他业务模式陆续出现和发展。监管当局为缓解金融体制结构性矛盾，对互联网金融的发展给予了大力支持，想方设法推动金融创新。2010 年 9 月中国人民银行制定的《非金融机构支付服务管理办法》，为企业发放"第三方支付牌照"，这意味着第三方支付业务模式进入规范化发展轨道。2012 年互联网金融正式成为一个学术研究领域。为确保互联网金融得以进一步发展，同时就其发展予以进一步规范，2014 年，在一项"促进互联网金融健康发展"的政府工作报告中，针对互联网金融的发展予以国家层面的肯定，换言之，即国家政府支持与鼓励互联网金融发展。次年，政府工作报告中再次就互联网金融发展予以关注，并着重提出要打造更为健全与完善的互联网金融市场。

但进入 2015 年后半年，互联网金融发展过程中存在的问题开始暴露，信用风险开始累积并集中爆发。具有里程碑式警醒意义的是在 2015 年前后各种业务模式累积发生的信用风险，特别是 P2P 网络借贷业务发展方式，导致大量的信用风险滋生，最终演变为行业的信任危机。引发危机的业务模式并非传统意义上金融机构的互联网模式，而是不具有金融牌照的互联网公司为互联网用户提供各种金融服务的业务模式。2016 年进入"互联网金融监管元年"，我国正式出台《互联网金融风险专项整治工作实施方案》等一系列行业专项整治方案和措施，一方面，从侧面反映出国家对于互联网金融发展给予支持与肯定；另一方面，对互联网金融施行严格监管也是为了确保其能够规范化发展，为其未来健康发展指明了前进的方向。

互联网金融开始重视和实体经济的结合，而不仅仅局限于在虚拟经济中发挥金融功能。消费信贷、供应链金融等"场景金融"成为这个阶段主要的业务模式。同时，互联网金融行业在 2018 年进入金融科技元年，人工智能、大数据、云计算、移动互联网、物联网等金融科技应用试点逐步开展工作。监管当局通过要求经营互联网金融业务的企业必须持有金融牌照的方式对行业进行规范。头部科技公司（指京东、阿里巴巴）通过并购或者重组获取金融牌照，同时利用自身技术优势与获客便利逐渐发展壮大，成为金融控股公司，经营着不同业务的互联网平台，随之，互联网金融行业出现平台垄断经营的趋势。

由于大平台内部运营的不透明，监管当局开始重新审视大平台的"大而不倒"。2019 年，央行发布金融科技三年规划，银行加速进场金融科技，央行数字货币提速，资金流向可追溯。国家在重视互联网金融行业发展的科技含量的，同时，也在研究金融科技监管的可行性。2020 年以来，互联网金融行业发展进入存量时代，监管风向发生转变，普惠金融由"普"到"惠"，监管主体由"小机构"到"大平台"，监管重点在于分散金融风险，提高展业门槛，坚决杜绝非持牌经营，提高产品创新要求。进入 2021 年，监管趋势趋于金融与科技互归本源，金融门槛升高，推动纯科技业务转型与拆分。互联网金融行业竞争格局由"头部集中"走向"生态分散"，运营模式再次发生转变。

通过回顾互联网金融行业发展的整个过程，可以看出监管当局出台的政策对于互联网金融整个行业度过信用危机、健康发展至关重要。监管当局应及时了解互联网金融行业每个发展阶段信用风险的变化，及时出台有效政策，把行业信用风险控制在一定范围内，保证整个行业健康发展，即使遇到风险出清，损失也能降到最低。所以，如何实现对于信用风险的有效监测与控制，是确保互联网金融业得以可持续发展的先决条件与夯实依据。并据此出台相关政策进行及时有效的监管。监管当局需要能及时反应互联网金融行业信用风险变化并具有一定前瞻性的有效金融工具监测行业整体信用风险的变化，及时把握政策出台的时机和有效性，防范信用危机再次出现，保证互联网金融行业的健康发展。

回顾互联网金融监管领域的研究，梳理相关主题的研究情况。该领域的研究始于 2013 年，学者主要向英美发达国家较为成熟的互联网金融监管体系学习借鉴，例如，贾立文（2019）等通过研究美国、英国、法国等发达国家的监管模式为我国互联网金融监管提出建议。此外，学者还对互联网金融创新与监管之间的关系展开研究，如张成虎等（2020）基于群体博弈维度，通过借助演化博弈模型来就互联网金融信用风险进行分析。对于如何建立有效的互联网分业监管体系，唐士亚等（2021）借鉴政策网络分析框架进行研究，发现互联网金融监管政策变迁与政策网络结构里的各级金融监督机构、互联网金融平台、各大新闻媒体、金融消费主体等一系列主体间的持续博弈紧密相关。

目前，随着金融科技的发展，监管科技成为互联网金融监管领域的研究热点。李东荣（2019）指出，应当立足于探究、计划、使用、管理这四方面，对监督科技所创造的发展机会进行把控。但是，对于回归金融本质，借助传统金融信用风险测度工具反映互联网金融监管有效性方面的研究非常缺乏，目前只有徐淑一等（2018）使用 Logit 模型对 P2P 借贷平台监管有效性进行实证研究。

当前，互联网金融行业混业经营，行业整体复杂多变。通过第三章、第四章的分析和第五章的实证研究发现，KMV 模型具有以下三点优势非常适合作为当前经营互联网金融业务的企业以及行业整体信用风险测度、预警、监管的金融工具：一是 KMV 模型建立在现代金融期权理论的基础上，相对于简单数理统计模型，KMV 模型的测度结果能结合理论深入分析，还能体现信用风险的大小和变化；二是 KMV 模型整体设计思路最符合信用风险生成机理，同时不仅考虑企业内部的财务状况，还参考股价行情和利率等外部因素，充分结合各种信用风险的影响因素，所以测度结果更为准确；三是由于股价数据可实时更新，反映投资者预期和外部环境变化的各种因素，所以该模型能及时反映信用风险变化，而且具有前瞻性，最适合作为互联网金融业务经营主体和行业整体信用风险的监测金融工具。同时在第六章 KMV 模型的改良研究发现，EGARCH-M 模型更适合反映互联网金融信用风险。

综上所述，通过对互联网金融监管研究文献的梳理发现，使用有效金融工具对互联网金融行业整体以及经营互联网金融业务的企业的信用风险进行监测的研究比较匮乏。同时，KMV 模型具有以上三点优势适合作为此类对象的信用风险测度、预警、监管的金融工具。所以本书选择第六章基于 EGARCH-M 改进后的 KMV 模型的实证研究结果，结合监管政策出台的明细（见附录）进行分析，以此来探讨改良后的 KMV 模型作为监管当局监测互联网金融信用风险变化的金融工具的可行性，为监管政策出台时机的选择提供一定的参考价值。

二、互联网金融行业信用风险测度结果与监管政策变迁

下文首先基于改进后的 KMV 模型对互联网金融行业信用风险测度结果进行图形描述。其次根据图形显示的不同阶段，结合监管政策具体内容进行分析。最后就两者关系进行总结。

（一）互联网金融行业信用风险测度结果——基于改进后 KMV 模型的违约距离

鉴于我国还未对违约事件建立大型的数据库，KMV 模型违约概率的测算基础还不健全，本章这部分按照第六章计算出来的违约距离数据，得出总体样本均值、金融类样本均值、非金融类样本均值、总体样本均值的趋势线，并据此制作出图 7-1 进行分析。

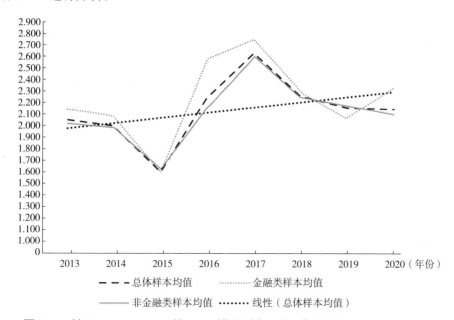

图 7-1　基于 EGARCH-M 的 KMV 模型测度互联网金融业务上市公司违约距离

在图 7-1 中，虚线为样本均值趋势线。可以观察到，违约距离整体趋势向上，说明从 2013~2020 年，互联网金融业务经营主体的信用风险总体在降低，互联网金融整体行业信用风险趋势在变小，信用环境逐步改善，所以，从测度结果可以看出互联网金融业务的监管整体上是有效的。另外，从图 7-1 可以看到，金融类样本均值的违约距离大于非金融类样本均值，说明金融机构经营互联网金融

业务的信用风险总体上小于非金融机构经营互联网金融业务,这主要源于金融机构本身的专业性以及良好的信用风险控制系统。在本书后面部分,对信用风险测度结果进行拆解分析,结合互联网金融行业不同的发展阶段,监管政策的变化情况,探究监管当局政策出台情况和 KMV 模型测度结果的关系,以此分析改进后 KMV 模型作为监测信用风险变化的金融工具的可行性。

(二)违约距离与互联网金融演进过程、监管政策变迁比对分析

根据图 7-1 违约距离曲线的走势,互联网金融业务信用风险的变化过程可以分为以下四个阶段:2013~2015 年、2015~2017 年、2017~2018 年、2018~2020 年。本书从互联网金融的演进过程以及监管方式变迁的角度,来读解 KMV 模型对信用风险测度的实证结果能否反映互联网金融的监管效果,具体监管政策见附录。

(1)第一阶段(2013~2015 年)。经过前期的积累与发展,在 2013 年进入爆发性增长的关键一年。随着互联网思维线上布局的有序开展,互联网头部企业与传统金融机构进行了深度合作,并进行了新型产业链的打造,提供与传统金融机构类似的金融服务。如 2014 年正式建立蚂蚁金服集团之后,致力于为社会各界提供投融资、金融、支付、保险等一系列综合金融服务。同年,"前海微众银行"成立,成为首家非传统银行机构,在互联网上合法合规地受理银行基本业务。进入 2015 年后,互联网金融的混业经营特征越发明显,金融服务的对象也更加大众化与普遍化,但缺乏成熟的社会征信体系,出现了大规模的平台跑路、虚假借贷等各种互联网金融乱象,金融风险加剧,冲击整个金融系统的稳定性。

在监管方面,在 2013 年监管层首次对互联网金融实施了监管,并就此进行了相关制度框架的搭建。从 2014 年开始,针对互联网金融平台正式实施监管,到 2015 年,监管层发布的各类政策规定达到 30 项,其中总体规范和整治类的有 12 项,鼓励倡导发展类的有 18 项,内容涉及互联网金融及其具体模式的促进发展或规范,至此,2015 年被称为"互联网金融监管元年"。具有里程碑意义的政策包括中国人民银行出台的《关于推进互联网金融有序发展的指导意见》和中共中央颁布的《关于积极推进"互联网+"行动的指导意见》,前者明确了互联网金融是一种"新型金融业务模式",确立了五大监管原则以及各种模式的具体监管部门;后者全面鼓励互联网金融创新的同时对不同模式划分责任界限,明确"穿透式"监管要求。

综上所述,互联网金融在这个阶段发展迅猛,监管层希望在保证金融风险可控的先决条件下对互联网金融发展给予政策性倾斜,以期由此来带动实体经济发展。到 2015 年,风险不断累积威胁到传统金融系统的安全,为此,金融监管

部门不得不就如何实现金融行业的规范运转予以高度重视并进行一系列相关政策举措的出台与落实工作。至此进入互联网金融监管元年。图 7-1 的 KMV 模型信用风险测度结果可以清晰地解读出互联网金融这样的监管节奏以及监管效果。2013~2014 年，样本违约距离的均值曲线缓慢向下，互联网金融的信用风险在逐步加大但可控，监管层正为金融创新留政策空间；到 2014~2015 年，违约距离降幅增大，信用风险加速恶化，在 2015 年违约距离达到最低点，互联网金融的整体信用环境严重恶化到急需有效监管政策出台予以改善，该年也正是监管政策出台空前密集的转折年。

（2）第二阶段（2015~2017 年）。经过上个阶段的快速发展，互联网金融积累和暴露了大量风险，2016 年，规范发展成为这个阶段的主基调。互联网金融规模不断扩大，混业经营特征明显，不同业务的发展正逐步分化。从具体业务来看，移动支付业务规模高速增长；网络借贷平台数量减少，个贷和消费贷规范发展态势逐步形成；其他业务稳步增长。金融科技开始结合互联网金融具体业务服务实体经济。2017 年，随着互联网金融风险专项整治工作深入推进，行业规范发展态势初步形成，受宏观和微观环境变化的影响，仍然面临着一些风险隐患和体制机制上的调整，比如互联网金融从业机构在经济转型时期面临的信用风险、专项整治攻坚阶段面临的合规风险、行业竞争激烈面临的风险，以及行业出清时面临的社会风险。

在监管方面，2015 年开启互联网金融监管元年后，2016 年是互联网金融整治年，共颁布 45 项监管文件，不仅从总体发展方面对构筑互联网金融生态圈、有效防范金融风险方面进行规划，而且针对非银行支付、网贷、保险和众筹等具体业务提出专项整治方案并制定了具体的管理细则。当年，互联网金融协会成立，作为行业自律组织。在延续专项整治的基础上，整个金融系统开展宏观审慎评估体系考核，重点贯彻穿透式监管。2017 年互联网金融进入严格监管年，共颁布了 37 项监管文件，中央和地方政府紧密配合，除了从整体和具体业务角度对互联网金融风险进一步进行有针对性的深入专项整治清理整顿，还对互联网金融标准化工程体系、新一代人工智能等金融科技进行发展规划。同年，基于为实现金融业稳定发展进行统筹规划的协调机构——金融稳定和发展委员会成立，开启了新时代金融体系改革。

综上所述，互联网金融经过上个阶段的爆发性增长，大量风险积累并暴露出来。在这个阶段，监管当局不仅对互联网金融从总体和具体业务角度提出并深入执行专项整治方案，而且从组织结构上做出调整，针对混业经营进行有效的穿透式监管，同时，开始对互联网金融进行标准化规划，行业整体向好。这样的变化过程可以清晰地在 KMV 模型对互联网金融行业信用风险的测度结果中解读出来。从图 7-1 可以看出，2015~2017 年，样本均值曲线回升，互联网金融业务的信用风险明显降低，整体信用环境加速好转。另外，从图 7-1 还可以看出，从行业属性角度看，非金融行业上市公司的违约距离变化曲线基本与样本均值曲线重叠，而金融行业上市公司的违约距离大于非金融行业上市公司的违约距离，说明金融行业的上市公司从事互联网金融业务的信用风险相对较小，这主要由于同样从事互联网金融业务，来自金融行业的上市公司受到的实际监管相对更加严格，这也说明非金融行业上市公司从事互联网金融业务仍存在一定的监管套利空间，穿透式监管是大势所趋。

（3）第三阶段（2017~2018 年）。在 2017~2018 年这个阶段，国家开始鼓励流通领域的供应链进行金融创新和试点，以更好地服务实体。同时，人工智能、大数据、云计算、移动互联网、物联网等新一代信息技术应用试点工作逐步展开，但监管部门对科技驱动的创新识别评估能力缺乏基于信息科技手段支持的有效监管。互联网科技公司通过成立、收购和并购等方式，获取多种金融牌照，依托其强大的客群、渠道以及技术能力，逐渐发展壮大，成为金融控股公司，但监管方面却有别于传统金融控股公司，存在一定的套利空间和垄断效应。在这个阶段，互联网金融的发展面临着合规意识的提高，不容忽视的技术风险以及潜在的垄断风险。

在监管方面，2018 年在延续 2017 年的监管规范基础上，共颁布了 60 项监管文件，仍为严格监管年。整个互联网金融行业的专项整治工作进入尾声。在监督互联网安全及除黑除恶的基础上，监管当局对互联网金融的发展制定了更加细致的质量管理标准，强调服务实体；把互联网资产管理业务纳入特许经营行业、互联网金融机构作为系统重要性金融机构进行监管、互联网金融纳入金融业综合统计；对电商失信、虚假广告、骚扰电话发布了专项整治的通知，并对部分业态监管漏洞和短板进行补充严格监管。对非金融企业投资金融机构提出了监管意见。

综上所述，2018 年的监管延续了 2017 年的专项整治，查漏补缺并进入尾声，对互联网金融原有业务的监管从准入门槛、数据采集等方面都纳入整体金融监管系统。同时，国家鼓励供应链金融和金融科技进行创新和试点。可以看出，监管当局通过专项整治有效地控制了互联网金融传统业务的风险，但也为新业务的发展留出一定监管空间。同年，经营互联网金融业务的金融控股公司发展迅速，国家仅提出要规范金融控股公司，但还未出台有针对性的政策对其存在的潜在垄断风险进行有效监管，这也导致一定程度风险隐患的存在。因此，从图 7-1 曲线的走势可以看出，2017~2018 年，违约距离大幅下降；互联网金融的信用风险增大。

（4）第四阶段（2018~2020 年）。在 2018~2020 年这个阶段，互联网金融发展面临的宏观形势复杂多变，人工智能、大数据、云计算、区块链、5G 等金融科技将从营销获客向风险管理、流程管理、生态运营等关键核心环节渗透，金融场景日渐丰富，网络基础设施建设日益完善，互联网金融和网贷领域风险形势得到根本好转，但仍存在一定的问题，面临新的挑战。在经济下行压力加大的情况下，互联网金融风险专项整治的存量风险有待进一步化解出清。金融机构存在数字化转型需求；互联网金融生态圈和产业链加快健全，新业态新模式需规范发展。

在监管方面，2019 年进入金融科技监管元年，鼓励发展区块链技术。在延续 2018 年的监管政策基础上，共颁布了 44 项监管文件。在互联网金融整治收尾方面，监管当局强调推进金融纠纷多元化解机制的建设来巩固治乱成果；同时，发布金融行业标准来安全管理移动金融客户端、针对 App 以违法形式对个人信息进行收集与利用的行为颁布认定方案、规模部署互联网协议第六版（IPv6）、加强消费者权益保护工作体制的建设、强调金融精准扶贫。在具体业务监管方面，颁布的实施规范具体包含：开展网络信贷信息中介单位转型成小额信贷企业的试点、支付产品认证扩展为金融科技产品认证等内容。在金融控股公司的监管方面，明确了具体业务的监管负责部门。2020 年是金融科技监管应用年，出台 2020 年首批金融科技创新监管试点名单，共颁布了 28 项监管文件。在互联网金融整体行业监管方面，监管当局制定了行政处罚办法、网络安全审查办法、金融消费者权益保护实施办法、非银行金融机构行政许可实施办法等。在具体业务监管方面，强调加强小额贷款公司监督管理、制定商业银行互联网贷款管理暂行办法。监管当局支持供应链产业链稳定循环和优化升级，规范标准化票据管理方式，并且出台了金融控股企业监管试行方案。

综上所述，2018~2020 年的监管主要围绕上个阶段遗留下来的监管漏洞展开，包括互联网金融行业的整治收尾和基本建设、供应链金融和金融科技等新业务的有效监管以及金融控股公司存在的潜在垄断风险这三个方面。监管目标清晰明确、出台政策有的放矢，互联网金融信用风险在这个阶段得到有效的控制。和以上三个阶段相同，这样的监管状态和有效程度同样可以在互联网金融信用风险测度结果的图 7-1 中解读出来。2018~2020 年，虽然违约距离继续下降，但降幅较小且趋稳，说明出台的政策对互联网金融信用风险进行了有效的控制。

（三）分析结论与建议

通过以上分析，得出以下两点结论：

第一，从经营互联网金融业务的上市公司角度，运用改进后 KMV 模型测度混业经营状态的互联网金融行业信用风险的大小及变化具有一定的可行性。实证结果可以看出，违约距离波动曲线总体趋势向上，说明从 2013~2020 年，互联网金融业务经营主体的信用风险总体在降低，互联网金融整体行业信用风险趋势在变小，信用环境逐步改善，对互联网金融业务的监管整体上是有效的。另外，金融类样本均值的违约距离大于非金融类样本均值，说明金融机构经营互联网金融业务的信用风险总体上小于非金融机构经营互联网金融业务，这主要源于金融机构本身的专业性以及良好的信用风险控制系统。

第二，按照信用风险曲线的波动状况，本部分从 2013~2015 年、2015~2017 年、2017~2018 年和 2018~2020 年这四个阶段解读互联网金融发展与监管节奏变化的过程。研究结果发现，互联网金融发展迅猛，业务变化复杂，在整个演进过程中，监管当局都希望在保证信用风险可控的前提下，通过不同的监管方式，支持互联网金融创新，带动实体经济发展。监管节奏的变化和监管有效程度能够通过 KMV 模型的信用风险实证结果进行准确反映。

结合实证研究结论与相关理论，本书提出以下两点建议：

第一，基于当前不断成熟与进步的金融科技，如何实现对于互联网金融信用风险的有效监测，确保互联网金融得以健康发展，是现阶段应予以考量的重要问题。当前，互联网金融行业混业经营，行业整体复杂多变。改良后的 KMV 模型非常适合作为当前经营互联网金融业务的企业以及行业整体信用风险测度、预警、监管的金融工具，为我国监管部门在鼓励创新与风险控制之间取得平衡提供参考。

第二，监管当局可以考虑根据 KMV 模型期权理论的原理，对变量做适当调整，将该模型用于测度互联网金融从业机构中的非上市公司。在监管科技平台数据报送时，监管当局根据所需变量要求其报送所需的相关数据。同时，构建历史违约数据库，真正保障针对违约距离和逾期违约频率间的映射关系可以有效显现，提高 KMV 模型在我国的适用性。

三、监管政策建议

在宏观方面，首先，选择第六章 KMV 模型对互联网金融信用风险测度研究的实证结果，结合监管政策的变化，分析监管政策出台的内容和时机是否体现在 KMV 模型对互联网金融信用风险的测度结果上，以此来探讨 KMV 模型作为监管当局监测互联网金融信用风险变化的金融工具的可行性。其次，由于 KMV 模型最符合信用风险形成机理，对宏观和微观的信用风险影响因素考虑得相对全面，而且测度结果不仅可以反映信用风险大小，还可以体现其变化，所以基于 KMV

模型的五个主要因素：企业股权价值、股权价值波动率、资产价值、资产价值波动率以及债务违约点对违约距离进行敏感性分析，分析互联网金融信用风险的特点。鉴于我国还未针对违约事件建立大型的数据库，KMV 模型违约概率的测算基础还不健全，在宏观方面的数据采用第六章计算出来的违约距离进行以上两步分析和测算。

根据以上宏观方面的实证研究，本书的研究对互联网金融信用风险监管提出以下四点建议：

第一，目前金融科技发展迅猛，基于当前不断成熟与进步的金融科技，如何实现对于互联网金融信用风险的有效监测，确保互联网金融得以健康发展，是现阶段应予以考量的重要问题。经过以上分析发现，监管节奏的变化和监管有效程度能够通过 KMV 模型的信用风险实证结果进行准确反映，这主要由于 KMV 模型具有独特的优势。所以改进后 KMV 模型非常适合作为当前互联网金融信用风险的测度、预警、监管的金融工具，为我国监管部门在鼓励创新与风险控制之间取得平衡提供参考。

第二，监管当局可以考虑根据 KMV 模型期权理论的原理，对变量做适当调整，将该模型用于测度互联网金融从业机构中的非上市公司。在监管科技平台数据报送时，监管当局根据所需变量要求其报送所需的相关数据。同时，积极构建历史违约数据库，真正保障针对违约距离和逾期违约频率间的映射关系可以有效显现，提高 KMV 模型在我国的适用性。

第三，通过敏感性分析，可以看出资产价值波动率对互联网金融业务经营主体以及整个行业的信用风险变化影响非常大，资产价值波动率增加，信用风险变大。资产价值波动率反映资产规模变动情况，当企业整体资产规模相对稳定，行业格局相对确定时，资产规模就会相对稳定，资产价值波动率变动就比较小，信用风险也比较稳定。当行业在发展初期，或出现政策性变动时，资产规模就会变化剧烈，信用风险就会增大。所以为了维持企业存续经营和行业信用风险整体可控，资产价值波动率可以作为企业经营者和监管当局需要重视的互联网金融业务企业或整个行业信用风险的敏感指标。

第四，通过敏感性分析，可以看出股权价值波动率对互联网金融业务经营主体以及整个行业的信用风险变化影响非常大，股权价值波动率增加，信用风险变大。股权价值波动率总体反映宏观环境中各种因素对互联网金融业务企业或行业整体的发展预期，包括投资者预期、利率等方面。股权价值波动率增大，说明互联网金融宏观环境不稳定，投资者预期等因素变化较大，这时信用风险也变大，反之亦然。基于此，监管部门应就此类指标予以高度关注。

综上所述，先进的信用风险计量模型建立在有效的金融市场之上，KMV模型计算过程中大量数据来源于信用风险测度对象的资产负债表及证券市场，这必然要求证券市场价格的有效性。因此，监管部门要规范证券市场的信息披露制度，保证其公布的信息真实有效，同时，还需减少证券市场的过度投机，加强交易活动的监管，使股票价格能及时可靠地反映企业或行业真实的经营状况，为KMV模型等金融工具在我国的使用提供良好的金融环境。

本章小结

本章基于改进后EGARCH-M的KMV模型对互联网金融信用风险的测度结果从微观和宏观两个角度进行应用研究，并据此对互联网金融业务的经营企业以及监管当局提出建议。

从微观角度来看，本章通过将信用风险作为因素之一，结合其他财务变量，对财务业绩进行回归分析，检验财务业绩作为因变量与信用风险以及其他因素作为自变量之间的相关性，为企业经营在控制信用风险与取得良好财务业绩之间取得平衡提供思路。信用风险自变量改进后EGARCH-M的KMV模型对互联网金融信用风险的测度结果，其他自变量包括流动性、营利性、资本结构以及成长性方面。

通过实证研究发现，财务业绩作为因变量时，自变量与之主要有三类相关性。第一类是正相关指标，例如，流动指标、毛利率、销售增长率、长期资产/所有者权益比率，企业在作具体经营决策时如果能引起这些指标的正向变化，基本可以考虑。第二类是负相关指标，例如，违约距离、现金比率、销售净额/固定资产、每股净资产成长率，企业在做具体经营决策时要非常注意这类指标，这为企业决策提供底线思维。第三类比较复杂，需要进一步往下分析的指标。企业在经营互联网金融业务时，实证研究结果为具体经营决策提供有用启示，为经营者在控制信用风险的同时尽量取得良好财务业绩，实现企业的发展战略。但是具体情况的判断还需要结合公司经营历史以及行业具体发展情况来考虑。

从宏观角度来看，首先，选择改进后EGARCH-M的KMV模型对互联网金融信用风险的测度结果，结合监管政策的变化，分析监管政策出台的时机和有效性是否能体现在对互联网金融信用风险的测度结果上，以此来探讨改进后EGARCH-M的KMV模型作为监管当局监测互联网金融信用风险变化的金融工具的可行性。通过实证研究发现，监管节奏的变化和监管有效程度能够通过改进后 EGARCH-M 的 KMV 模型信用风险实证结果进行准确反映。改进后 EGARCH-M 的 KMV 模型非常适合互联网金融信用风险的测度、预警、监管的金融工具，为我国监管部门在鼓励创新与风险控制之间取得平衡提供参考。

先进的信用风险计量模型建立在有效的金融市场之上，大部分金融工具，包括改进后 EGARCH-M 的 KMV 模型，在计算过程中大量数据来源于信用风险测度对象的资产负债表及证券市场，这必然要求证券市场价格的有效性。因此，监管部门要规范证券市场的信息披露制度，保证其公布的信息真实有效，同时，还需减少证券市场的过度投机，加强交易活动的监管，使股票价格能及时可靠地反映企业或行业真实的经营状况，为改进后 EGARCH-M 的 KMV 模型等金融工具准确反映我国信用风险环境提供良好的金融环境。

第八章

结论与研究展望

一、研究结论

互联网金融信用风险测度是金融领域非常重要的研究主题之一。互联网金融发展时间较短，经历了不同阶段，目前以大小不同的互联网平台提供一种或多种金融服务为主要形式。互联网平台主要分为两类：以金融业务为主要业务的平台，以及提供其他业务，但金融功能作为基础设施存在。互联网平台的商业行为很难越过金融系统而独立存在。而任何互联网平台都是由具体公司经营。从互联网金融行业目前情况来看，能够搭建互联网金融行业内认可的这两类互联网平台，或提供金融科技服务的，基本都是龙头企业，或独具竞争优势的上市金融科技公司，这些公司构成了互联网金融行业的经营主体。在转型的关键期，对这类主体信用风险的监控是监管当局当前的工作重点。因此，及时监测互联网金融行业主体信用风险的大小和变化，有助于互联网金融业务经营主体的存续经营，同时，对保证出台政策的及时和有效，以及行业健康发展，实现真正普惠，都具有重要的实践意义。

在此背景下，对互联网金融业务的经营主体信用风险进行测度展开研究，借以间接了解行业整体信用风险变化情况。

（一）全面梳理互联网金融信用风险相关概念、理论及测度方法

通过绪论的文献全面综述发现，互联网金融业务经营主体对信用风险的测度研究具有一定现实意义与理论价值。在后续章节，首先，对信用风险内涵、特点、影响因素以及互联网金融的产生、发展与业务模式变化过程进行回顾；其次，对所涉及的各类理论从金融、互联网、信用风险三个角度进行探讨和分析，为互联网金融信用风险测度研究厘清概念本质以及夯实理论基础；再次，对互联网金融信用风险内涵、特点、影响因素进行梳理；最后，根据互联网金融信用风险的特点与测度研究现状，构建测度的实证研究框架。

（二）对互联网金融信用风险进行数理统计模型的实证研究

基于财务数据的数理统计模型是被业界广泛接受并证明有效的信用风险测度方法。本书的研究结合互联网金融混业经营的特点，选取经营互联网金融业务上市公司作为样本，采用数理统计模型中经典的多元判别分析以及 Logistic 回归模型进行实证研究。结果发现，两个模型具有一定的判别能力，相对而言，Logit

模型判别准确性比多元判别模型更好，但是第一类判别错误率（把财务困境公司预测为正常公司的概率）非常高，而且信用风险的测度结果缺乏动态跟踪的可能性，以及信用风险"安全距离"的提示。所以通过该实证研究发现，仅仅使用基于财务数据的数理统计模型对互联网业务的经营主体进行信用风险判定，无法适应互联网金融信用风险恶化速度快，传染面广的特点，并且无法深入分析。

（三）对互联网金融信用风险进行传统 KMV 模型的实证研究

实证研究结果显示，KMV 模型通过了适用性、稳健性检测；相对于只能判定违约状态的多元线性判别模型以及 Logit 非线性回归模型，KMV 模型更适合互联网金融信用风险的测度；通过 KMV 模型测度的实证结果，基于股权价值及其波动率、资产价值及其波动率、违约距离以及违约概率这六个关键因素分析互联网金融业务经营主体及行业发展信用风险的特点；对 KMV 模型进行敏感性分析后发现，互联网金融业务经营主体以及整个行业在发展过程中，信用风险变化受资产价值波动率和股权价值波动率的影响非常大，资产价值波动率增加，会使信用风险减少，而股权价值波动率增加，信用风险会增大，所以对于企业经营者和监管当局来说，为了维持企业存续经营和行业信用风险整体可控，这两个都是需要被重视的关键因素。同时，由于股权价值波动率是互联网金融信用风险恶化的关键敏感因素，对于互联网金融信用风险的研究来说，具有一定深入研究的价值。

（四）基于改良后的 KMV 模型对互联网金融信用风险进行测度的实证研究

基于 GARCH 与 EGARCH-M 对 KMV 模型进行改进，实证研究改进后的模型能提高互联网金融业务经营主体信用风险恶化的反映程度。由于股权价值波动率对于互联网金融信用风险描述的关键作用，然而原来 KMV 模型的股权价值波动率是根据统计方法计算得来的，GARCH 模型与之相比，优点是能够提高时变性的表述，缺陷在于对样本要求是基于正态分布，基于广义误差分布（GED）下的 EGARCH-M 模型对样本没有正态要求，所以通过以上方法改进计算股权价值波动率，提高对风险波动率刻画的精确程度，然后结合 KMV 模型以及互联网金融业务经营主体的行业特色样本进行实证研究，判断改进后 KMV 模型对描述互联网金融信用风险金融时间序列数据波动规律性的准确程度上是否具有优越性的区别。实证研究结果显示，相对于原来以及 GARCH 模型改良的 KMV 模型，使用 EGARCH-M 模型改良的 KMV 模型，对互联网金融信用风险的识别精度更高，时变性更强，比较充分且反应更为迅速。

（五）互联网金融信用风险测度在宏观和微观领域的拓展应用

从微观角度来看，考虑将信用风险测度结果以及流动性、营利性、资本结构和成长性方面的指标作为自变量，财务业绩指标作为因变量进行回归分析，而后研究自变量和因变量存在的关联，为互联网金融业务的经营企业在控制信用风险与取得良好财务业绩之间取得平衡提供思路。从宏观角度来看，通过分析发现，监管节奏的变化和监管有效程度能够通过改进后 EGARCH-M 的 KMV 模型信用风险实证结果进行准确反映，改进后 EGARCH-M 的 KMV 模型非常适合作为互联网金融的信用风险测度、预警、监管的金融工具，为我国监管部门在鼓励创新与风险控制之间取得平衡提供参考。

本书基于互联网金融业务经营主体角度实证研究信用风险恶化情况的判定和测度问题，从实证角度梳理互联网金融行业信用风险发展变化情况，对测度实证研究的结果进行应用研究，旨在拓宽互联网金融信用风险的研究角度以及丰富实证研究成果，为我国互联网金融企业的存续经营以及行业的健康发展提供参考。

二、研究展望

基于上述互联网金融信用风险测度的研究结果，本书认为，在该领域主要有以下三个方面的研究展望：

第一，互联网金融信用风险的理论基础、内涵、特点以及影响因素需要随着互联网金融的发展变化进一步接受实践的检验，以及进一步研究与完善。

第二，本书对互联网金融信用风险的探究是立足于具备有效性的金融市场展开的。特别是采用 KMV 模型进行核算的时候，很多的信息数据主要是通过证券市场获取的，这意味着证券市场的价格一定要存在有效性，所以相关监督机构一定要对证券市场的信息披露机制做出优化与改进，确保各项信息客观真实，并且要想方设法规制证券市场的投机行为，进一步强化监督与管理力度，保障股票价格可以精准客观地呈现出公司实际的经营情况，通过营造健康有序的金融环境来为更好地应用 KMV 模型保驾护航。

第三，本书实证研究证实 KMV 模型适合作为当前互联网金融的信用风险测度、预警、监管的金融工具。只有建立我国完整的历史违约数据库，实现违约距离与预期违约频率之间的映射关系，这样一来，才可以真正地强化 KMV 模型在我国的适用性。

附　录

2015~2023 年互联网金融政策

2015 年	互联网金融整体监管政策	《国务院关于积极推进"互联网+"行动的指导意见》《关于促进互联网金融健康发展的指导意见》《关于推动移动金融技术创新健康发展的指导意见》《国务院关于促进云计算创新发展培育信息产业新业态的意见》《国务院关于印发促进大数据发展行动纲要的通知》等
	互联网金融具体业务模式的监管政策	《关于对通过互联网开展股权融资活动的机构进行专项检查的通知》《非银行支付机构网络支付业务管理办法》《网络借贷信息中介机构业务活动管理办法（征求意见稿）》《关于做好个人征信业务准备工作的通知》等
2016 年	互联网金融整体监管政策	《中国银行业信息科技"十三五"发展规划监管指导意见（征求意见稿）》《"十三五"国家科技创新规划》（人工智能）《互联网金融风险专项整治工作实施方案》《2016 年网络市场监管专项行动方案》等
	互联网金融具体业务模式的监管政策	《开展互联网金融广告及以投资理财名义从事金融活动风险专项整治工作实施方案》《关于加强互联网平台保证保险业务管理的通知》《互联网保险风险专项整治工作实施方案》《关于开展以网络互助计划形式非法从事保险业务专项整治工作的通知》《通过互联网开展资产管理及跨界从事金融业务风险专项整治工作实施方案》《P2P 网络借贷风险专项整治工作实施方案》《非银行支付机构风险专项整治工作实施方案》《股权众筹风险专项整治工作实施方案》等
2017 年	互联网金融整体监管政策	《关于促进移动互联网健康有序发展的意见》《新一代人工智能发展规划》《关于进一步做好互联网金融风险专项整治清理整顿工作的通知》
	互联网金融具体业务模式的监管政策	《关于进一步加强校园贷规范管理工作的通知》《关于立即暂停批设网络小额贷款公司的通知》《关于开展网络借贷资金存管测评工作的通知》《关于规范整顿"现金贷"业务的通知》《关于印发小额贷款公司网络小额贷款业务风险专项整治实施方案的通知》《关于做好 P2P 网络借贷风险专项整治整改验收工作的通知》《关于实施支付机构客户备付金集中存管有关事项的通知》《关于进一步加强无证经营支付业务整治工作的通知》等

2018 年	互联网金融整体监管政策	《关于加强质量认证体系建设促进全面质量管理的意见》《关于全面推进金融业综合统计工作的意见》《关于印发科学数据管理办法的通知》《加强非金融企业投资金融机构监管的指导意见》《关于进一步推进网络执行查控工作的通知》《关于加大通过互联网开展资产管理业务整治力度及开展验收工作的通知》《关于加强对电子商务领域失信问题专项治理工作的通知》《公安机关互联网安全监督检查规定》《互联网金融从业机构反洗钱和反恐怖融资管理办法》（试行）等
	互联网金融具体业务模式的监管政策	《关于防范以"虚拟货币""区块链"名义进行非法集资的风险提示》《关于进一步规范货币市场基金互联网销售、赎回相关服务的指导意见》《关于报送 P2P 平台借款人逃废债信息的通知》《关于开展 P2P 网络借贷机构合规检查工作的通知》《关于做好网贷机构分类处置和风险防范工作的意见》《关于实施支付机构客户备付金集中存有有关宜的通知》《金融机构互联网黄金业务管理暂行办法》《关于开展供应链创新与应用试点的通知》《关于开展 2018 年流通领域现代供应链体系建设的通知》等
2019 年	互联网金融整体监管政策	《关于发布金融行业标准加强移动金融客户端应用软件安全管理的通知》《关于切实做好 2019—2020 年金融精准扶贫工作的指导意见》《关于推进互联网协议第六版（IPv6）规模部署行动计划的实施意见》《区块链核心技术》《金融科技产品认证目录（第一批）》《金融科技产品认证规则》《区块链信息服务管理规定》《关于印发（App 违法违规收集使用个人信息行为认定方法）的通知》《关于全面推进金融纠纷多元化解机制建设的通知》《关于开展"巩固治乱象成果促进合规建设"工作的通知》等
	互联网金融具体业务模式的监管政策	《关于进一步加强网络借贷资金存管工作的通知》《关于印发（关于网络借贷信息中介机构转型为小额贷款公司试点）的指导意见》《支付机构外汇业务管理办法》《关于进一步加强支付结算管理防范电信网络新型违法犯罪有关事项的通知》《金融控股公司监督管理试行办法（征求意见稿）》《互联网保险业务监督暂行办法（征求意见稿）》《关于2019 年进一步提升小微企业金融服务质效的通知》等
2020 年	互联网金融整体监管政策	《金融控股公司监督管理试行办法》《关于规范发展供应链金融支持供应链产业链稳定循环和优化升级的意见》《标准化票据管理办法》《网络安全审查办法》《中国银保监会非银行金融机构行政许可事项实施办法》等
	互联网金融具体业务模式的监管政策	《关于加强小额贷款公司监督管理的通知》《商业银行互联网贷款管理暂行办法》《互联网保险业务监管暂行办法》《关于规范互联网保险销售行为可回溯管理的通知》
2021 年	互联网金融整体监管政策	《国家发展改革委等部门关于推动平台经济规范健康持续发展的若干意见》《关键信息基础设施安全保护条例》等

续表

2021 年	互联网金融具体业务模式的监管政策	《消费金融公司监管评级办法（试行）》《非银行支付机构客户备付金存管办法》《关于进一步规范商业银行互联网贷款业务的通知》《关于进一步规范大学生互联网消费贷款监督管理工作的通知》《关于防止经营用途贷款违规流入房地产领域的通知》《金融机构反洗钱和反恐怖融资监督管理办法》《关于规范商业银行通过互联网开展个人存款业务有关事项的通知》《防范和处置非法集资条例》等
2022 年	互联网金融整体监管政策	《金融科技发展规划（2022-2025 年）》等
	互联网金融具体业务模式的监管政策	《移动互联网应用程序信息服务管理规定》《关于加强商业银行互联网贷款业务管理提升金融服务质效的通知》《关于银行业保险业数字化转型的指导意见》等
2023 年	互联网金融整体监管政策	《国务院关于推进普惠金融高质量发展的实施意见》《银行业金融机构国别风险管理办法》等
	互联网金融具体业务模式的监管政策	《非银行支付机构监督管理条例》《信托公司监管评级与分级分类监管暂行办法》等

参考文献

［1］Altman.Measuring Corporate Bond Mortality and Performance［J］. Journal of Finance,1989（9）:909–922.

［2］Altman E I , Thomas P. Evaluation of a Company as a Going Concern［J］. Journal of Accountancy,1974（6）:50–57.

［3］Altman, Edward I, Financial Ratios. Discrimiant Analysis and the Prediction of Corporate Bankruptcy［J］. Journal of Finance,1968, 23（4）:589–609.

［4］Altman E I , Haldeman R G , Narayanan P .ZETATM Analysis:A New Model to Identify Bankruptcy Risk of Corporations［J］. Journal of Banking & Finance,1977, 1（1）:29–54.

［5］Allen F , Mcandrews J , Strahan P . E–Finance: An Introduction［J］. Journal of Financial Services Research, 2002, 22（1–2）:5–27.

［6］Akerlof G A. The Market for "Lemons": Quality Uncertainty and the Market Mechanism［J］. The Quarterly Journal of Economics, 1970,84（3）:488–500.

［7］Banks, Christopher J. The Third Generation of Wireless Communications: The Intersection of Policy, Technology, and Popular Culture［J］. Law & Policy in International Business,2001,32（3）:7–10.

［8］Bayaraa B . Measuring Efficiency of Mongolian Companies by SFA and Dea Methods［J］. Annals of Faculty of Economics, 2017（1）:39–48.

［9］Bayaraa B. Financial Performance Determinants of Organizations: The Case of Mongolian Companies［J］. Journal of Competitiveness,2017,9（3）:22–33.

［10］Burstein A , Kurz C, Tesar L.Trade, Production Sharing, and the International Transmission of Business Cycles［J］. Journal of Monetary Economics, 2008, 55（4）:775–795.

［11］Claessens S, Dobos G, Klingebiel D, et al.The Growing Importance of Networks in Finance and Its Effects on Competition［J］. Innovations in Financial & Economic Networks, 2003, 1（6）: 109 –131.

［12］Crosbie P J, Bohn J R. Modeling Default Risk. Research Paper［R］.Moody's KMV, 2002.

［13］Cramer J S. Scoring Bank Loans That May Go Wrong: A Case Study［J］. Statistica Neer Landica, Netherlands Society for Statistics and Operations Research, 2004（3）:365–380.

［14］Chen N, B Ribeiro, A Chen. Financial Credit Risk Assessment: A Recent Review［J］. Artificial Intelligence Review, 2016（45）:1–23.

［15］Dursun D, Cemil K, Ali U.Measuring Firm Performance Using Financial Ratios:A Decision Tree Approach［J］. Expert Systems with Applications, 2013（40）:3970–3983.

［16］Dionysiou D, Lamber Tides N, Charitou A. An Alternative Model to Forecast Default Based on Black Scholes Merton Model and a Liquidity Proxy［R］. Working Paper, University of Cyprus, Department of Public and Business Administration, 2008.

［17］Durand D. Risk Elements in Consumer Installment Financing［J］. National Bureau of Economic Research, 1941,218（1）:105–142.

［18］Ephias M, Athenia B.An Empirical Analysis of the Impact of Credit Risk on the Financial Performance of South African Banks［J］. Academy of Accounting and Financial Studies Journal,2020,24（3）:1–15.

［19］Engelmann B, Hayden E, Tasche D. Testing Rating Accuracy［J］. Risk, 2003, 16（1）: 82–86.

［20］European Commission. Green Paper on the Convergence of the Telecommunications［Z］. Media and Information Technology,1997.

［21］Fisher R.The Use of Multiple Measurements in Taxonomic Problems［J］. Annals of Eugenics, 1936（7）: 179–188.

［22］Fixler M A.Cyberfinance: Regulating Banking on the Internet［J］.Case Western Reserve Law Review, 1996,47（1）:81.

［23］Fitzpatrick J E W J .Ecology and Relative Importance of the Dominants of Tall–Grass Prairie［J］. Botanical Gazette, 1932, 93（2）:113–150.

［24］Greenstein S., Khanna T. "What Does Industry Mean?"［A］// Yoffieed, Competing in the Age of Digital Convergence［M］. New York: The President and Fellow of Harvard Press,1997.

［25］Gillwald, Alison N. ICT Sector Performance Review: South African Case Study［J］. Computer Science, Economics, Political Science, Business,2003（4）:66–70.

［26］Hull J, White A. The Impact of Default Risk on the Prices of Options and Other Derivative Securities［J］. Journal of Banking and Finance,1995,19（2）:299–322.

［27］Hyman P. Minsky. The Financial Instability Hypothesis: An Alternative View［J］. Thames Papers on Political Economy, 1973（2）:251–276.

［28］Ho T, A Saunders. A Catastrophe Model of Bank Failure［J］. Journal of Finance, 1980（35）: 1189–1207.

［29］KimD, Ferrin D, Rao R. A Trust–based Consumer Decision–making Model in Electronic Commerce［J］. Decision Support Systems, 2008, 44（2）:544–564.

［30］Koh K L, Allan D E, Hiscock M E, Roebuck D. Credit and Security in Singapore: The Legal Problems of Development Finance［M］. St. Lucia: University of Queensland Press, New York: Crane, Russak, 1973.

［31］Lopez J, Saidenberg M.Evaluating Credit Risk Models［J］. Risk Management: Challenge and Opportunity,2005（24）:219–238.

［32］Lei D T. Industry Evolution and Competence Development: The Imperatives of Technological Convergence［J］. International Journal of Technology Management, 2000,19（7–8）: 699–738.

［33］Martin D. Early Warning of Bank Failure: A Logit Regression Approach［J］. Journal of Banking and Finance, 1977（2）:249–276.

［34］M Mushtaq, A Ismail, R Hanif. Credit Risk, Capital Adequacy and Bank's Performance:An Empirical Evidence from Pakistan［J］.International Journal of Financial Management, 2015, 5（1）: 27–32.

［35］Merton R C , Bodie, Zvi. Deposit Insurance Reform: A Functional Approach［C］. Carnegie–Rochester Conference Series on Public Policy, 1993.

［36］Michael Spence. Job Market Signaling［J］.The Quarterly Journal of Economics,1973,87（3）: 355–374.

［37］Paul Timmers. Business Models for Electronic Markets［J］.Electronic Market Journal, 1998, 8（2）: 35 –39.

［38］Paul Bambury. A Taxonomy of Internet Commerce［J］. First Monday,1998,10（3）:23–27.

［39］Ramji G.Determinants of Financial Performance:An Evidence from Nepalese Commercial Banks［J］. Amity Journal of Strategic Management,2018,1（2）:7–13.

［40］Scott J. The Probability of Bankruptcy: A Comparison of Empirical Predictions and Theoretical Models［J］. Journal of Banking & Finance, 1981（9）: 317–344.

［41］Sato S , Hawkins J . Electronic Finance: An Overview of the Issues［J］. Bis Papers Chapters, 2001, 7（1）:4–6.

［42］Shahrokhi M. E–finance: Status, Innovations, Resources and Future Challenges［J］. Manag Financ, 2008, 34（6）: 365–398.

［43］Joseph Stiglitz E, Rothschild, Michael. Equilibrium in Competitive Insurance Markets: An Essay on the Economics of Imperfect Information［J］.The Quarterly Journal of Economics, 1976, 90（4）: 629–649.

［44］Thomas M .Analysis of Mobile IP and RSVP Interactions［J］. Computer Engineering, 2002（5）: 79–85.

［45］W Lee. Redefinition of the KMV Model's Optimal Default Point Based on Genetic Algorithms – Evidence from Taiwan［J］. Expert Systems with Applications, 2011,38（8）:10107–10113.

［46］W H Beaver .Financial Ratios as Predictors of Failure［J］. Journal of Accounting Research, 1968（4）:71–111.

［47］Yoffie D B. Competing in the Age of Digital Convergence［M］. New York: The President and Fellow of Harvard Press,1997.

［48］白皡柏 . 基于 Z–Score 模型的上市公司财务风险评价——来自瑞幸咖啡公司 2017–2022 年财务数据的证据［J］.中国市场，2024（14）: 115–122.

［49］白钦先 . 李士涛. 互联网金融可持续发展研究——基于金融资源观视角［J］.征信，2014，32（12）: 11–15.

［50］陈静. 上市公司财务恶化预测的实证分析［J］.会计研究，1999（4）: 31–38.

［51］陈晓兰，任萍 . 基于 Logistic 混合模型的企业信用风险评价研究［J］.山东财政学院学报，2011（2）: 90–93.

［52］陈捷 . 商业银行信用风险度量及管理［D］.首都经济贸易大学硕士学位论文，2003.

［53］陈志武 . 新金融逻辑互联网金融热的冷思考［J］.新经济导刊，2014（7）: 10–11.

［54］陈媛媛，何雨晨，马恩涛 . 基于 KMV 模型的我国商业银行信用风险研究［J］.公共财政研究，2020（1）: 67–83.

［55］陈为民，杨泽俊，陈依.借款描述对互联网金融信用风险的影响研究［J］.财经理论与实践，2022，43（6）：24-30.

［56］陈为民，龙小凡，杨密.基于偏最小二乘回归的P2P网络借贷平台信用风险评估探究［J］.湖南人文科技学院学报，2019，36（5）：48-54.

［57］陈为民，刘述权，龙小凡，等.基于AD-RF模型的互联网金融信用风险评估［J］.洛阳理工学院学报（社会科学版），2023，38（2）：38-42.

［58］陈荣达，余乐安，金骋路.中国互联网金融的发展历程、发展模式与未来挑战［J］.数量经济技术经济研究，2020，37（1）：3-22.

［59］陈小龙，黄婉妍，张红峰.基于Z值模型的旅游企业财务风险分析——以河南省文旅集团为例［J］.工信财经科技，2023（6）：84-94.

［60］陈秀清，何杉，徐士琴，张驰.互联网证券业务的风险控制研究［A］//中国证券业协会创新与发展：中国证券业2017年论文集［C］.2018：17.

［61］陈春瑾.互联网金融生态圈信用风险评价指标体系的构建［J］.经济研究导刊，2019（24）：85-87+92.

［62］程鹏，吴冲锋.上市公司信用状况分析新方法［J］.系统工程理论方法应用，2002（2）：89-93.

［63］程晖，董小刚.基于数据挖掘的小微商铺信用风险分析［J］.长春工业大学学报，2018，39（5）：434-440.

［64］杜本峰.实值期权理论在信用风险评估中的应用［J］.经济经纬，2002（3）：80-82.

［65］段德峰，王建华，宋鸿芳.基于Bootstrap的信用风险度量［J］.武汉理工大学学报，2011（4）：328-330.

［66］董小君，石涛."重灾区"互联网金融风险指数及其影响要素分析［J］.现代经济探讨，2020（3）：1-10.

［67］董新贵.基于KMV模型视角地方政府债务风险预警研究——以某省为例［J］.华北金融，2016（11）：9-15.

［68］方国斌，马天驰.基于KMV模型的互联网金融行业信用风险分析［J］.当代金融研究，2020（4）：84-95.

［69］冯兴元，燕翔，程萍.中国P2P网络借贷行业的发展、问题与监管［J］.社会科学战线，2020（9）：66-74+281-282.

［70］冯彦杰，齐佳音.新业态金融风险的回应性监管——以网络股权众筹平台为例［J］.上海对外经贸大学学报，2020，27（1）：101-110.

［71］冯冠华.互联网金融对金融机构信用风险的影响效应——基于PTR模型的非线性分析［J］.东北财经大学学报，2018（2）：63-71.

［72］冯振.互联网金融信用风险管理新思路——基于业务运营公司视角的分析［J］.华北金融，2016（11）：27-34.

［73］高汉.互联网金融的发展及其法制监管［J］.中州学刊，2014（2）：57-61.

［74］高咏玲，杜晗，佟岩.生命周期视角下并购类型对上市公司信用风险的影响——基于KMV模型的实证研究［J］.科学决策，2017（3）：35-48.

［75］龚明华.互联网金融：特点、影响与风险防范［J］.新金融，2014（2）：8-10.

［76］国家信息中心经济预测部课题组.金融调控重在防风险调结构促改革［N］.上海证

券报，2013-08-21（A07）.

［77］顾海峰，杨立翔.互联网金融下我国第三方移动支付风险评价研究——模型构建与实证分析［J］.金融监管研究，2017（5）：1-21.

［78］郭海凤，陈霄.P2P网贷平台综合竞争力评价研究［J］.金融论坛，2015，20（2）：12-23.

［79］黄金老.论金融脆弱性［J］.金融研究，2001（3）：41-49.

［80］何启志，彭明生.基于互联网金融的网贷利率特征研究［J］.金融研究，2016（10）：95-110.

［81］何雯妤.互联网金融的风险识别及防范对策——基于模糊层次分析法［J］.黑河学院学报，2020，11（6）：54-56.

［82］侯明，赵龙.商业银行与第三方支付的演化博弈研究［J］.浙江金融，2014（4）：58-61+70.

［83］韩锦绵，王馨梓.基于VAR模型余额宝风险度量及管理研究［A］//清华大学经济管理学院中国保险与风险管理研究中心（China Center for Insurance and Risk Management of Tsinghua University SEM），伦敦城市大学卡斯商学院（Cass Business school, City University London），清华大学经济管理学院中国保险与风险管理研究中心.2015中国保险与风险管理国际年会论文集［C］.2015.

［84］贾立文.监管科技、金融发展与中国金融监管创新［J］.金融发展评论，2019（8）：11-21.

［85］贾洪文，贾镇燕.基于模糊分析法对第三方支付风险评价的实证研究［J］.甘肃金融，2020（1）：61-67.

［86］蒋先玲，张庆波，程健.P2P网络借贷市场信用风险识别［J］.中国流通经济，2020，34（4）：67-75.

［87］井浩杰，彭江艳.P2P网贷平台借款人信用风险评估［J］.厦门理工学院学报，2019，27（6）：51-56.

［88］鞠彦辉，许燕，何毅.信息混沌下银行线上供应链金融信用风险盲数评价模型构建［J］.企业经济，2018，37（6）：102-106.

［89］康峰，徐华，张兴.P2P网贷行业风险防范指标体系的构建与评价研究［J］.西部金融，2019（4）：48-55.

［90］匡海波，杜浩，丰昊月.供应链金融下中小企业信用风险指标体系构建［J］.科研管理，2020，41（4）：209-219.

［91］李志辉，李萌.我国商业银行信用风险识别模型及其实证研究［J］.经济科学，2005（5）：61-71.

［92］李霖魁，张成虎.P2P网络借贷中的借款人社会资本、风险甄别与市场均衡实现［J］.当代财经，2017（10）：46-57.

［93］李东荣.积极发展监管科技　保障金融业高质量发展［J］.清华金融评论，2019（5）：18-20.

［94］李钧，李冠青.普惠金融的历史演变及其在中国的发展［J］.经济与管理评论，2023，39（2）：69-82.

［95］李博，董亮.互联网金融的模式与发展［J］.中国金融，2013（10）：19-21.

［96］李洪梅，王文博，姚遂.基于金融功能观的互联网金融对中国金融发展的贡献研究

[J].现代管理科学，2014（5）：29-31.

[97]李真.互联网金融：内生性风险与法律监管逻辑[J].武汉金融，2014（5）：35-37+69.

[98]李国义.互联网金融中的信用风险形成机理研究[J].哈尔滨商业大学学报（社会科学版），2017（3）：38-45.

[99]李明选.互联网金融产业及其对传统金融冲击影响的研究[D].上海社会科学院博士学位论文，2015.

[100]李光荣，官银学，黄颖.供应链金融信用风险特征、分析框架与管理对策[J].商业经济研究，2020（13）：167-169.

[101]李树文.基于幂律分布的P2P信誉评估机制[J].计算机工程，2010，36（18）：101-104+108.

[102]李鑫.借款人声誉与风险识别——来自P2P网络借款的证据[J].金融发展研究，2019（6）：3-11.

[103]卢永艳，王维国.基于面板Logit模型的上市公司财务困境预测[J].数学的实践与认识，2010（5）：37-43.

[104]梁琪.商业银行信贷风险度量研究[M].北京：中国金融出版社，2005.

[105]刘迎春，刘霄.基于GARCH波动模型的KMV信用风险度量研究[J].东北财经大学学报，2011（5）：74-79.

[106]刘伟，刘改娟.从股权众筹业态的消亡看我国金融监管及风险化解[J].现代商业，2023（6）：129-132.

[107]刘英，罗明雄.互联网金融模式及风险监管思考[J].中国市场，2013（43）：29-36.

[108]刘敏悦，孙英隽.互联网金融对商业银行信用风险的影响研究——基于股份制商业银行面板数据的实证分析[J].经济研究导刊，2020（14）：141-143+146.

[109]赵恒珩，刘冀云.KMV模型关系函数推测及其在中国股市的验证[J].运筹与管理，2003（3）：43-48.

[110]廖理.互联网金融的四大格局[J].商周刊，2014（24）：53.

[111]陆岷峰，周军煜.基于仿生学原理探寻互联网金融生态系统路径[J].天津商务职业学院学报，2018，6（2）：13-21.

[112]阮素梅，周泽林.基于L1惩罚Logit模型的P2P网络借贷信用违约识别与预测[J].财贸研究，2018，29（2）：54-63.

[113]马德功，涂静，王昱厶，马文杰，何东生.消费金融中借款人的信用风险评估[J].中国资产评估，2018（9）：26-31.

[114]马若微.KMV模型运用于中国上市公司财务困境预警的实证检验[J].数理统计与管理，2006（9）：593-601.

[115][美]约瑟夫·熊彼得（J. A. Joseph Alois Schumpeter）.经济发展理论[M].王永胜，译.北京：立信会计出版社，2017.

[116][美]克里斯·安德森（Chris Anderson）.长尾理论[M].乔江涛，译.北京：中信出版社，2006.

[117][美]赫伯特·西蒙（Herbert Simon）.管理行为[M].詹正茂，译.北京：机械工业出版社，2020.

[118][美]雷蒙德·W.戈德史密斯（Raymond W. Goldsmith）.金融结构与金融发展[M].

浦寿海，译 . 上海：上海人民出版社，1996.

［119］牛明健 . 我国股权众筹风险识别与管控研究［D］. 山东大学硕士学位论文，2018.

［120］欧阳资生，莫廷程 . 互联网金融风险度量与评估研究［J］. 湖南科技大学学报（社会科学版），2016，19（3）：173-178.

［121］邱冬阳，肖瑶 . 互联网金融本质的理性思考［J］. 新金融，2014（3）：19-22.

［122］全颖，敬然 . P2P 网贷借款人信用风险预警研究［J］. 中国流通经济，2019，33（2）：120-128.

［123］宋遂周，江彤 . 企业财务困境预警模型分析［J］. 北京邮电大学学报，2009（3）：72-75.

［124］孙小丽，彭龙 . KMV 模型在中国互联网金融中的信用风险测算研究［J］. 北京邮电大学学报（社会科学版），2013，15（6）：75-81.

［125］孙浩 . 互联网金融的新兴商业模式［J］. 中国信用卡，2013（9）：50-54.

［126］孙海莹 . 我国 P2P 网络信贷信用风险影响因素分析［J］. 对外经贸，2015（12）：80-83.

［127］施彦竹，龙晶，马佳璐 . 互联网金融的风险分析及对策研究［J］. 现代商业，2023（3）：113-116.

［128］师群昌，帅青红 . 移动支付及其在中国发展探析［J］. 电子商务，2009（2）：58-64.

［129］沈中华，张欣琦，任俊宇 . 手机银行业务对商业银行盈利与信用风险影响探析——以中国上市银行为例［J］. 上海经济，2018（3）：108-121.

［130］随学超，闫言 . 大学生对互联网理财风险的认知及其影响因素研究——来自安徽高校的经验证据［J］. 合肥工业大学学报（社会科学版），2017，31（4）：138-144.

［131］唐士亚，郭琦 . 互联网金融监管政策变迁与解释框架构建——基于政策网络的视角［J］. 汉江学术，2021，40（3）：53-62.

［132］唐松 . 新中国金融改革 70 年的历史轨迹、实践逻辑与基本方略——推进新时代金融供给侧改革，构建强国现代金融体系［J］. 金融经济学研究，2019，34（6）：3-16.

［133］谭中明，马庆，谭璇 . P2P 网贷主体信用关系刻画、信用风险生成与博弈行为——基于网贷行业生态圈视角的研究［J］. 西南金融，2018（10）：46-52.

［134］王琼，陈金贤 . 信用风险定价方法与模型研究［J］. 现代财经，2002（4）：14-16.

［135］王建稳，梁彦军 . 基于 KMV 模型的我国上市公司信用风险研究［J］. 数学的实践与认识，2008（10）：46-52.

［136］王新翠，王雪标，周生宝 . 基于 SV—KMV 模型的信用风险度量研究［J］. 经济与管理，2013（7）：59-66.

［137］王馨 . 互联网金融助解"长尾"小微企业融资难问题研究［J］. 金融研究，2015（9）：128-139.

［138］王丹，张洪潮 . P2P 网贷平台信用风险评级模型构建［J］. 财会月刊，2016（9）：76-80.

［139］王文怡，程平 . 基于 Logistic 和决策树模型的 P2P 网络借贷信用风险研究——以 HLCT 为例［J］. 上海立信会计金融学院学报，2018（3）：42-55.

［140］王钊 . P2P 借贷信用风险动态评价方法研究［D］. 合肥工业大学博士学位论文，2019.

［141］吴晓求 . 中国金融的深度变革与互联网金融［J］. 财贸经济，2014（1）：14-23.

[142]吴晓灵.从互联网金融看新金融的发展空间[J].清华金融评论,2014(9):97-101.

[143]吴晓灵.互联网金融应分类监管区别对待[J].IT时代周刊,2013(21):14.

[144]吴晓光.第三方支付机构的信用风险评估研究[J].新金融,2011(3):30-34.

[145]王曙光,张春霞.互联网金融发展的中国模式及其创新[J].中国农村金融,2014(2):42-43.

[146]徐淑一,彭玉磊,王奕倩.互联网金融监管对P2P借贷平台有效吗——基于人人贷平台大数据的实证检验[J].金融学(季刊),2018,12(4):21-68.

[147]谢平,邹传伟,刘海二.互联网金融模式研究[J].新金融评论,2012(1):3-52.

[148]谢平.互联网金融模式,金融运行新体制?[J].上海经济,2014(7):14-17.

[149]徐爽,黄震,蒲琳.从投资组合理论视角观察互联网消费金融平台的授信决策[J].广东经济,2020(9):68-79.

[150]徐荣贞,王华敏.基于超网络模型的P2P网贷集群化研究[J].金融经济学研究,2018,33(4):65-73.

[151]杨洋洋,谢雪梅.基于大数据的电商网贷动态信用评级模型研究——来自"拍拍贷"的经验数据[J].征信,2019,37(9):30-38+53.

[152]杨星,张义强.中国上市公司信用风险管理实证研究——EDF模型在信用评估中的应用[J].中国软科学,2004(1):43-47.

[153]杨凯生.关于互联网金融的几点看法[J].中国金融电脑,2013(12):10-15.

[154]杨坤,曹晖,孙宁华.非正规金融、利率双轨制与信贷政策效果——基于新凯恩斯动态随机一般均衡模型的分析[J].管理世界,2015(5):41-51.

[155]杨群华.我国互联网金融的特殊风险及防范研究[J].金融科技时代,2013,21(7):100-103.

[156]叶庆祥,等.基于资本市场理论的上市公司信用风险度量研究[J].经济学家,2005(2):112-117.

[157]叶文辉.投贷联动运行模式的国际实践及对我国的启示[J].国际金融,2017(6):75-80.

[158]殷剑峰."互联网金融"的神话和现实[N].上海证券报,2014-04-22(A01).

[159]严建红.互联网时代的金融业:挑战及应对策略[J].国际金融研究,2001(6):31-38.

[160]俞勇.过去已去,未来已来:金融机构数字化转型[J].金融博览,2019(12):46-47.

[161]袁新峰.关于当前互联网金融征信发展的思考[J].征信,2014,32(1):39-42.

[162]闫真宇.关于当前互联网金融风险的若干思考[J].浙江金融,2013(12):40-42.

[163]苑春荟,王晨.契约关系下的第三方网络支付信用风险研究[J].北京交通大学学报(社会科学版),2017,16(1):38-44.

[164]姚畅燕,吴姗姗.P2P网络借贷平台风险预警模型构建及实证分析[J].西安财经学院学报,2016,29(4):52-59.

[165]张玲.基于判别分析和期望违约率方法的信用风险度量及管理研究[D].湖南大学博士学位论文,2004.

[166]张玲,张佳林.信用风险评估方法发展趋势[J].预测,2000(4):72-75.

［167］张颖，马玉林.基于因子分析的 Logistic 违约概率模型［J］.桂林理工大学学报，2010（1）：174-178.

［168］张飞.第三方支付的风险管理与控制［J］.产业与科技论坛，2015，14（3）：205-206.

［169］张茂军，王俭，张尹，张郏丹.金融科技、监管政策与 P2P 平台分析——基于信用风险和流动性风险视角［J］.金融与经济，2021（8）：38-45.

［170］张大斌，周志刚，许职，李延晖.基于差分进化自动聚类的信用风险评价模型研究［J］.中国管理科学，2015，23（4）：39-45.

［171］张晓朴，朱太辉.金融体系与实体经济关系的反思［J］.国际金融研究，2014（3）：43-54.

［172］张成虎，刘杰.互联网金融创新与金融监管的动态演化博弈［J］.贵州社会科学，2020（1）：151-159.

［173］张玉喜.网络金融的风险管理研究［J］.管理世界，2002（10）：139-140.

［174］张璐昱，王永茂.电商大数据金融下小微企业融资模式研究——基于蚂蚁金服与京东金融的比较［J］.西南金融，2018（7）：53-59.

［175］张奇，李彦，王歌.基于复杂网络的电动汽车充电桩众筹市场信用风险建模与分析［J］.中国管理科学，2019，27（8）：66-74.

［176］张成虎，武博华.中国 P2P 网络借贷信用风险的测量［J］.统计与信息论坛，2017，32（5）：110-115.

［177］邹薇.基于修正的 KMV 模型下制造业上市公司信用风险预测［J］.求索，2014（6）：60-64.

［178］张玉喜.网络金融的风险管理研究［J］.管理世界，2002（10）：139-140.

［179］衷凤英，杜朝运.P2B 网贷平台中的信息不对称风险研究［J］.会计之友，2019（11）：22-26.

［180］赵阳.证券公司互联网金融业务模式评价研究［J］.现代管理科学，2018（9）：34-36.

［181］赵成国，沈黎怡，马树建.金融科技视角下供应链金融共生系统演化趋势研究［J］.财会月刊，2019（21）：147-151.

［182］郑联盛.中国互联网金融：模式、影响、本质与风险［J］.国际经济评论，2014（5）：103-118+6.

［183］钟鼎礼.以风险经营能力为核心的消费金融公司经营模式［J］.企业经济，2018，37（7）：182-187.

［184］曾鸣，谢佳.互联网金融个人信用风险评估的指标选择方法［J］.时代金融，2019（33）：6-9.

［185］中国互联网金融协会.中国互联网金融年报［M］.北京：中国金融出版社，2020：25+37+66.

［186］中国互联网金融协会.中国互联网金融年报［M］.北京：中国金融出版社，2015：37.

［187］中国互联网金融协会.中国互联网金融年报［M］.北京：中国金融出版社，2016：45.

［188］中国互联网金融协会.中国互联网金融年报［M］.北京：中国金融出版社，2017：51.

［189］中国互联网金融协会.中国互联网金融年报［M］.北京：中国金融出版社，2018：61.

［190］中国互联网金融协会.中国互联网金融年报［M］.北京：中国金融出版社，2019：63.

［191］中国互联网金融协会.中国互联网金融年报［M］.北京：中国金融出版社，2021：47.

后 记

岁月如梭，回望过去，感慨万千。本书是在我博士论文的基础上修订完成的。值此付梓之际，我谨向所有帮助过我学习和生活的师长、同学致以最诚挚的谢意。

首先，我要感谢我的导师唐振鹏教授。跨专业读博非常不容易，无论是在心理上还是在知识储备上都面临着巨大的挑战。曾经逃避过，甚至也想放弃过，庆幸的是，导师从没放弃过我。在关键时刻坚定地鼓励我，指引我努力的方向。论文在导师悉心指导下，从确定选题方向到撰写定稿等方面都顺利完成。导师渊博的知识、精益求精的治学态度以及敏锐的学术眼光给予我一生用之不竭的宝贵财富。除此之外，唐老师亦师亦友，平易近人，在其谆谆教诲之下，我学会了正确为人处世的世界观，结合自己的努力，体会到了遨游学术海洋的快乐。在此，谨向导师致以最诚挚的感谢和最崇高的敬意。

其次，我要感谢我的父母，他们于高龄之际帮助我承担家庭责任，让我能暂时逃离琐碎的生活，心无旁骛地投入学术世界，探索专业知识，摸索适合的科研方法。虽然他们不精通我的专业和学术，但用关心和体贴给了我最坚强的后盾，让我勇往直前，同时还承受我完成论文过程中起伏不定的情绪波动。他们让我拥有世间最美好的爱和最温暖的港湾，给予我一生积极进取和不敢懈怠的动力。

再次，我要感谢我的爱人，还有可爱的女儿，是你们的支持和理解坚定了我完成论文的信念。还要感谢一起努力的师妹所给予的不遗余力的帮助以及已经毕业的师兄师姐、同学和朋友对我的关心和指导！再次感谢所有关心和帮助我完成学业的人，感谢你们对我的付出和爱。

最后，特别感谢经济管理出版社任爱清老师以及校对老师对本书的修改、编辑、加工、印装等诸多方面做的大量的辛勤工作，确保了本书的顺利出版。

由于笔者水平有限，本书中难免存在疏漏与不足之处，恳请各位学者和专家批评指正。

刘小南

2024 年 6 月 6 日